PIERLUIGI TROILO

Counseling e PNL

UN APPROCCIO UMANISTICO E INTEGRATO

STRUMENTI PER I PROFESSIONISTI DELLA RELAZIONE DI AIUTO

Pierluigi Troilo

Counseling e PNL

Un approccio umanistico e integrato

ISBN:1530160499
ISBN-13:978-1530160495

A tutti i papà e
a tutte le mamme
del mondo

SOMMARIO

RINGRAZIAMENTI

Grazie a chi ha contribuito, per diverse vie,
consapevoli o inconsapevoli, a questo lavoro e alla mia crescita.
Grazie a Paola Cipriani, Paolo Borzacchiello, Raffaele Ciruolo,
Cristina Ferrarini, Rocco Giordano, Salvatore La Fata, Antonello Mallamo,
Elvino Miali, Antonio Quaglietta, Smeralda Tornese, Roberto Zilli.

Grazie a Mauro Scardovelli, Patrizia Di Berardino e Chiara Sorgi,
per il tramite dei quali ho imparato il significato della parola *consapevolezza*.

Grazie alla mia famiglia d'origine e a Silvia
per il costante confronto e conforto.

Grazie a Clara, Sofia e Massimo
per lo specchio che ogni giorno
mi porgono.

Pierluigi Troilo

PREMESSA

Questo è un manuale per chi vuole fare *counseling*. Per il professionista della relazione d'aiuto e per il facilitatore del cambiamento. Per chi vuole studiarlo e per chi semplicemente vuole sapere cosa sia.

Allo stesso tempo è anche un manuale di *PNL* (*Programmazione Neurolinguistica*), la cui trattazione, se pur precisa e puntuale, è volutamente selezionata perché finalizzata all'integrazione della stessa con le pratiche delle relazioni d'aiuto, come gli approcci non direttivi e semi-direttivi della psicologia umanistica.

Spesso nel testo ci rivolgeremo al *counselor* come a colui che sta compiendo azioni di *counseling*, sia esso un operatore sociale, uno psicologo, un terapeuta, un agevolatore del cambiamento. Altre volte, specificheremo se staremo facendo espressamente riferimento alla professione[1] di *counselor*.

Il libro è strutturato in tre parti, più le conclusioni e la bibliografia.

La prima parte è dedicata al *counseling*, all'illustrazione di questo processo/disciplina e all'approfondimento delle teorie e pratiche che gli fanno da supporto, tenendo fede alla traccia indicata dall'opera di E. Spalletta e F. Germano, più volte citata. Naturalmente, abbiamo esaminato in maniera più approfondita quegli approcci della psicologia che, ad oggi, sono quelli con i quali sentiamo maggiore confidenza e risonanza e che, dopo tutto, sono quelli con i quali lavoriamo nello svolgersi della nostra professione. Più precisamente, discuteremo in maniera approfondita dell'approccio *rogersiano* al *counseling*, dell'*Analisi Transazionale*, della *Gestalt* e, dunque, delle abilità e tecniche derivanti da tali approcci. Per ognuno di questi approcci, abbiamo indicato quello che il *counselor* "può farsene", come può applicarlo, come può contribuire nel processo d'aiuto del *cliente*.

La seconda parte è dedicata alla *PNL*. L'approfondimento è fatto dal punto di vista di un *counselor* votato all'integrazione di ciò che ritiene

[1] Al momento in Italia, professione non organizzata in Ordini o Collegi ma disciplinata dalla Legge numero 4 del 14 gennaio 2013.

funzionale ai propri scopi e alle proprie disposizioni. Non mancano, pertanto, le critiche. Né abbiamo voluto realizzare il compendio totale di questa pratica, avendo escluso argomenti e tecniche che per il loro carattere *direttivo* sono incompatibili con la *deontologia del counselor*. D'altro canto, grande, e spero proficuo, è stato il nostro impegno nel lavoro di ricerca delle affinità ed integrazioni. Formuleremo le principali definizioni che autori e, soprattutto, i fondatori stessi danno della *PNL*. Vedremo che essa si fonda su un insieme di tecniche che *possono* essere *utili* solo se supportate da una serie di assiomi, detti *presupposti della PNL*.

La terza parte, che precede le conclusioni e la bibliografia, rappresenta il nostro più auspicato contributo alla integrazione della *PNL* nel *counseling*, nel quale abbiamo voluto far emergere sia i punti di contatto che le divergenze fra queste due materie. Abbiamo, inoltre, riportato ed illustrato alcune particolari tecniche di *PNL* che, a nostro parere, possono agevolmente entrare a far parte della cassetta degli attrezzi del *counselor* e di altri professionisti della relazione d'aiuto.

La ricerca bibliografica è stata per noi piacevole e sorprendente, perché, modificandosi e arricchendosi *in itinere*, ci ha forzato ad arricchire e consolidare una formazione che è diventata un pezzo di quella *base sicura* che è oggi per noi la filosofia del *counseling*. La bibliografia, a cui richiamano i relativi riferimenti interni al testo, è specifica rispetto agli argomenti trattati e ogni autore e concetto citati all'interno del testo trovano la sua corrispondenza in bibliografia e viceversa. Oltretutto, viene evidenziata con un asterisco quella specifica sulla *PNL*.

Questo lavoro non solo ha lo scopo di offrire al professionista della relazione d'aiuto, terapeuta o *counselor*, conoscenze e tecniche che possano arricchire il suo bagaglio professionale, ma anche l'ardire di farlo nel pieno dello spirito che sottende l'approccio umanistico, la centralità della persona, la sua realizzazione, il suo benessere e il suo sviluppo. Pertanto, effettivamente, è un compendio volutamente parziale scritto da un punto di vista soggettivo, dove non trovano spazio quelle fronde della *PNL* che non hanno a che vedere con questo spirito e con l'etica che sottende alle professioni suddette.

CAPITOLO 1. IL COUNSELING INTEGRATO.

1.1 LE DEFINIZIONI DI COUNSELING.

Carl Rogers, il "padre" del *counseling* psicologico, sosteneva che se una persona si trova in difficoltà il modo migliore di venirle in aiuto non è quello di dirle esplicitamente cosa fare, quanto piuttosto di aiutarla a comprendere la sua situazione e a gestire il problema prendendo, da sola e pienamente, la responsabilità delle proprie scelte e decisioni (Nave 2009). Ecco perché per dare una definizione di *counseling* può risultare difficile partire dalla parola stessa ovvero dalla sua etimologia, per le definizioni e le interpretazioni che ne danno i dizionari (Hough 1999), che pongono infatti l'accento sul "consigliare" e "consolare": tutt'altro che quanto sosteneva Rogers, appunto! Etimologicamente il sostantivo *counseling* deriva dal verbo inglese *to counsel* che risale a sua volta dal verbo latino *consulere* (Simonelli, Simonelli 2012) e prevede una duplice accezione: *consulo-ere* che si traduce in <<consolare>>, <<confortare>>, <<venire in aiuto>>, <<prendersi cura>>, oppure, come *consulto-are*, rimanda al significato di richiedere il <<parere di un saggio>> o il <<consiglio di un esperto>> (Nave 2009).

L'associazione italiana professionale di counseling *REICO* lo definisce così: *il counselling è inteso come una relazione d'aiuto che intercorre tra due persone, in cui una si rivolge all'altra per cercare di rispondere ad un bisogno specifico, relativo all'ambito familiare, ai rapporti affettivi, agli ambiti lavorativi e di autorealizzazione.* E, in effetti, è fondamentale sottolineare il concetto di *relazione* come la base per definire un processo in cui è essa stessa, la *relazione*, il primo strumento a disposizione di coloro che si impegnano ad aiutare persone, gruppi e comunità (Spalletta, Germano 2006).

Tale *relazione* si fonda sia su aspetti strutturali come il *setting*, le regole, il *contratto* e sia su aspetti interpersonali quali l'empatia, l'alleanza, la fiducia. Non per nulla si dice che il *counseling* è <<sia scienza e sia arte>>: scienza perché le conoscenze sul comportamento umano e le strategie d'aiuto sono frutto di modelli strutturati secondo criteri di misurabilità, oggettività e riproducibilità, e arte perché le caratteristiche di personalità, i valori e le capacità del *counselor*, la sua abilità nel relazionarsi e sintonizzarsi con il *cliente*, sono variabili difficilmente misurabili ma, tuttavia, fondamentali e necessarie nel processo di *counseling* (*ibidem*). È lo stesso

Rogers che già a partire dalla fondazione del *counseling* sottolinea a più riprese la dimensione <<artistica>> della professione del *counselor*, proprio per dare rilievo al fatto che i suoi strumenti sono fondamentalmente riconducibili a quello che definiva il "saper essere" del *counselor* rispetto al suo "saper fare" ovvero a una serie di abilità (*skills*) non schiettamente tecniche o teoriche bensì fondamentalmente umane e relazionali (in questo senso artistiche) che, se da una parte egli deve apprendere e sviluppare in maniera metodica e sistematica, dall'altra non sono riconducibili a un sistema di conoscenze schiettamente concettuali e speculative ma che, almeno in potenza, sono presenti in molte persone votate, in generale, all'aiuto dell'altra persona in difficoltà (Nave 2009).

Alcune definizioni:

L'arte relazionale del *counseling* si fonda sull'abilità di offrire una forte presenza attiva - esserci consapevolmente - per entrare in contatto con la sofferenza ed il disagio emotivo dell'altro, creare una cornice sicura ed accogliente entro la quale il soggetto possa esprimersi e sentirsi accolto e contenuto, attivare le sue risorse intellettive ed emotive, insieme alla capacità di cambiamento e di adattamento creativo (Giusti 2003).

Il *counseling* è una forma di rapporto interpersonale in cui un individuo che ha un problema, ma non possiede le conoscenze per risolverlo, si rivolge ad un altro individuo, il consulente, che grazie alla propria esperienza è in grado di aiutarlo a trovare una soluzione (Galimberti 2006).

Counseling non vuol dire consigliare ma offrire alla persona che fruisce dell'intervento l'opportunità di esplorare, scoprire e rendere chiari gli schemi di pensiero e di azione, per vivere più congruentemente, cioè aumentando il proprio livello di consapevolezza, facendo un uso migliore delle proprie risorse rispetto ai bisogni e desideri e pervenendo ad un grado maggiore di benessere (Di Fabio 1999).

L'uso professionale e regolato da principi, di una relazione, nell'ambito della quale il *cliente* è aiutato nel processo finalizzato a facilitare una migliore conoscenza di sé e l'accettazione dei propri problemi emotivi e a portare avanti la propria crescita emozionale e lo sviluppo ottimale delle proprie risorse personali. Lo scopo finale è di fornire al *cliente* un'opportunità di vivere in modo soddisfacente ed in base alle proprie risorse (*British Association for Counselling* 1985).

Il *counseling* professionale è un'attività il cui obiettivo è il miglioramento della qualità di vita del *cliente*, sostenendo i suoi punti di forza e le sue capacità di autodeterminazione. Il *counseling* offre uno spazio di ascolto e di riflessione, nel quale esplorare difficoltà relative a processi evolutivi, fasi di transizione e stati di crisi e rinforzare capacità di scelta o di cambiamento. E' un intervento che utilizza varie metodologie mutuate da diversi orientamenti teorici. Si rivolge al singolo, alle famiglie, a gruppi e istituzioni. Il *counseling* può essere erogato in vari ambiti, quali privato, sociale, scolastico, sanitario, aziendale (*Assocounseling* e *European Association for Counselling* 2011).

1.2 COUNSELING: ELEMENTI COSTITUTIVI E OBIETTIVI.

Dunque, il *counseling* è una pratica professionale svolta all'interno di una *relazione* definita da un *contratto* che consente ai *clienti* (individui, gruppi, sistemi) di sviluppare il proprio potenziale, l'autonomia personale, professionale e culturale per gestire al meglio le proprie risorse nella risoluzione di problemi soggettivi e interpersonali; favorisce la *promozione del benessere*, la prevenzione del disagio psico-sociale, l'aiuto e l'orientamento psicologico in campo personale, sociale e professionale agevolando lo sviluppo dell'identità e delle attitudini dell'individuo considerato in interazione costante con il suo *contesto* di appartenenza (Spalletta, Germano 2006).

Nel *counseling* il termine <<*cliente*>> non ha un significato commerciale ma viene usato quale sinonimo di <<consultante>> o <<ospite>> in alternativa ai termini <<paziente>> o <<assistito>> tipici della terapia medica o delle psicoterapie (Nave 2009). Anche tale scelta marca l'orientamento del *counseling* alla promozione del benessere costituendo una vera e propria "tecnologia" salutogenica (Simonelli, Simonelli 2012) e accentua la distinzione con altre attività professionali della relazione d'aiuto pur essendo una disciplina "multi-settoriale" che include al proprio interno elementi tratti dalle scienze psicologiche, filosofiche, sociologiche e pedagogiche che lo costituiscono in misura variabile a seconda degli orientamenti di riferimento o indirizzi d'appartenenza dei vari operatori della professione (Nave 2009).

Altro elemento costitutivo del *counseling* è il *contratto* il quale dà forma all'assunzione dell'impegno alla collaborazione reciproca, fra *cliente* e *counselor*, verso obiettivi realistici, in cui l'uno si impegna ad essere il più possibile aperto e sincero, a focalizzarsi sugli obiettivi e impegnarsi per conseguirli e l'altro ad ascoltare e comprendere, ad aiutare a stabilire e raggiungere quegli obiettivi (Spalletta, Germano 2006). L'esistenza del *contratto* è coerente con l'ambito salutogenetico del *counseling* perché presuppone che la relazione che si instaura tra *cliente* e *counselor* avvenga tra persone sane, che condividono la conoscenza delle regole basilari della logica e la maggioranza dei significati che vengono attribuiti alle parole della lingua utilizzata nella relazione (Sabbadini 2009). Sia che per il cliente si tratti di capire se stessi (autostima), pianificare la propria vita (autoefficacia), cambiare comportamenti insoddisfacenti, favorire il dialogo e stabilire rapporti più' umani, gli obiettivi vanno stabiliti chiaramente fin dalla parte iniziale del processo (*pre-contatto*).

Il *counseling* è uno spazio di ascolto, supporto e orientamento all'interno di una relazione basata sul riconoscimento, sul rispetto e la congruenza (Spalletta, Germano 2006). Infatti, questo è quanto molto spesso le persone desiderano, invece che ricevere consigli, i quali oltre che non funzionali possono risultare addirittura offensivi e intrusivi, specie quando la persona è sconvolta o vulnerabile. In questo modo le abilità e le esperienze del *cliente* vengono ritenute e trattate come valide e l'equità e il rispetto fra *counselor* e *cliente* sono garantite (Hough 1999).

Il particolare tipo di ascolto è tale che, nella maggioranza dei casi, il flusso conversazionale tra *counselor* e *cliente* diventa un quadro di significati che si fanno via via più chiari al punto da risolvere le impasse per le quali il *cliente* si è rivolto al *counselor*. <<Il *cliente* non viene considerato come "universo emotivo e cognitivo" nel quale intervenire quanto piuttosto come riferimento per la determinazione di un ambito di lavoro comune e di uno o più obiettivi da raggiungere, nonché per la conferma/disconferma dei progressi del lavoro via via svolto "nell'universo del discorso". È come se il *counsellor* e il *cliente* si trasferissero continuamente, insieme, dal mondo *w1*, il mondo dove cercano di concordare i significati delle parole scambiate, al mondo *w2*, il mondo del discorso dove tali parole vengono prodotte.>> (Sabbadini 2009, 29).

Il *counseling* prende in considerazione la persona e il suo *contesto*, considerandola dinamica e in continua interazione con l'ambiente esterno, senza sovrastimare i fattori interni (personali) né sottostimare quelli situazionali. Questo agevola non solo la comprensione del comportamento umano ma anche il rispetto dell'individualità del *cliente* (Spalletta, Germano 2006).

1.3 GLI AMBITI DEL COUNSELING E IL SUPPORTO ALLA SALUTOGENESI.

Il *counseling* si esplica nell'ambito della promozione della salute a livello individuale e comunitario. L'attenzione rivolta a questo aspetto del benessere delle persone risulta crescente, trovando continui interventi, a partire dai principi sostenuti nella Carta di Ottawa del 1986, negli atti del movimento scientifico internazionale, nei vari livelli istituzionali e politici, dalle Agenzie delle Nazioni Unite e in modo particolare dall'Organizzazione Mondiale della Sanità (Simonelli, Simonelli 2012).

Salutogenesi, secondo Aaron Antonovsky[2], vuol dire occuparsi del perché le persone rimangono sane. È naturale, dunque, ogni volta che si presenta il *counseling* marcare le differenze con altri approcci professionali siano essi in ambito clinico, di aiuto o sociale. In particolare, il *counseling* differisce dalla *psicoterapia* per tipo di contratto e obiettivi (prefissati, specifici, focalizzati sulla situazione problematica *versus* obiettivi progressivi, di ricostruzione di un *io* conflittuale ovvero non strutturato), ruoli (sia del professionista che del *cliente*), contesto (oltre che lavorare su individui, coppie, gruppi, famiglie, il *counseling* lavora anche su organizzazioni e comunità), strategie (interventi di comprensione, riflessione e evocazione *versus* delucidazioni e interpretazioni) e durata (tempi brevi, medio-brevi *versus* lunghi, medio-lunghi). Il *counselor* svolge una *funzione di rete* tra bisogni, servizi e istituzioni, non si sovrappone alle funzioni di altre figure professionali, risponde con flessibilità e integrazione creativa alle complesse e molteplici pressioni e richieste socio-culturali.

Il *counseling* dunque ben si inserisce nell'approccio salutogenetico inteso a promuovere un circolo virtuoso del benessere che consideri sia gli aspetti fisici, psichici, emotivi, relazionali e spirituali individuali, sia degli aspetti sociali, economici, culturali e ambientali, e infine, delle interazioni fra *assets* interni (personali) ed esterni (di contesto) (Simonelli, Simonelli 2012). La domanda "contrattuale" che il *cliente* può porre in relazione al suo benessere può essere legata sia all'eliminazione di ciò che in passato gli ha creato malessere e insoddisfazione e sia alla possibilità di utilizzare il

---

[2] Sociologo e accademico israeliano americano

counseling verso un benessere armonico globale, più ecologico e stabile nel tempo (Spalletta, Germano 2006).

Diventa strumento fondamentale nello sviluppo dell'*empowerment* al servizio di persone, organizzazioni e comunità che in tal modo acquisiscono competenze sulle proprie vite (*life skills*), al fine di cambiare il proprio ambiente sociale e politico per migliorare l'equità e la qualità della vita (Simonelli, Simonelli 2012).

In generale, gli ambiti in cui si svolge il *counseling* sono ambiti formativi (*counseling scolastico, counseling di classe, counseling universitario*), lavorativi (*counseling aziendale, carrer counseling*) e organizzativi, sociale (*counseling familiare, counseling per madri post-partum, counseling per la coppia e mediazione familiare, counseling di sostegno per categorie specifiche, counseling per la terza età, counseling di orientamento*), sanitari (*counseling oncologico, counseling per i malati cronici, counseling nell'infezione da Hiv, counseling genetico, counseling nella morte improvvisa del lattante*), e di comunità (Calvo 2007). Oltre ai *counselor* e agli psicoterapeuti di professione, ci sono altre persone che, nell'ambito di svariati lavori, usano per lo meno alcune delle abilità di *counseling*. Gli assistenti sociali, in primo luogo, ricevono una formazione che permette loro di valersi ampiamente di abilità di *counseling* (ascolto, formulazione di domande, ecc.). Sempre più numerosi professionisti, fra cui gli insegnanti, gli infermieri, i terapisti occupazionali, i sacerdoti e gli psicologi, i volontari, sono interessati ad acquisire tali abilità (Nave 2009).

1.4 GLI APPROCCI AL COUNSELING E IL MODELLO PLURALISTICO INTEGRATO.

Al di là delle diverse metodologie del *counseling*, esistono differenti "filosofie" generali entro cui, a loro volta, si inquadrano le diverse metodologie (Hough 1999). Tali filosofie sono originate e si sono sviluppate dalle tre principali "scuole" o orientamenti della psicologia moderna:

- L'approccio del comportamentismo, a partire da Watson[3] 1913 ("prima forza").
- L'approccio della psicoanalisi, a partire da Freud[4] 1900 ("seconda forza").
- L'approccio umanistico-esistenziale, a partire da Maslow[5] 1962 ("terza forza").

L'*approccio comportamentale* è focalizzato sui comportamenti attuali e osservabili, e deriva da alcuni psicologi che, all'inizio del secolo, condussero esperimenti su animali per formulare e validare le loro teorie, a partire dai primi studi di Pavlov sui riflessi condizionati fino a tutt'oggi con migliaia di studi sperimentali. I problemi delle persone vengono visti in termini di comportamenti appresi che sono spesso problematici e disadattivi: per esempio le fobie e le ossessioni; l'obiettivo della psicoterapia è quello di aiutare i clienti a disapprendere questi schemi attraverso un processo di modificazione del comportamento.

Caratteristiche:

- Psicologia "senza psiche".
- Studio dell'uomo a partire dal comportamento esterno osservabile e misurabile (Psicologia di superficie).

---

[3] John Broadus Watson, psicologo statunitense

[4] Sigismund Schlomo Freud, detto Sigmund, neurologo e psicoanalista austriaco, fondatore della psicoanalisi avviò gli studi sulle correlazioni tra la visione dell'inconscio, rappresentazione simbolica di processi reali, e delle sue componenti con le strutture fisiche della mente e del corpo umano.

[5] Abraham Harold Maslow, psicologo statunitense, noto per ideato una gerarchia dei bisogni umani, la cosiddetta piramide di Maslow.

- Meccanismo stimolo-risposta.
- L'ambiente esterno condiziona il comportamento.
- Lo psicologo è un "osservatore".

L'*approccio psicanalitico* è un modello che pone l'accento sull'importanza delle esperienze infantili e cerca di stabilire connessioni fra il passato e il presente delineando parallelismi fra ciò che si è verificato durante l'infanzia e quel che sta accadendo nella vita adulta.

Caratteristiche:

- Psicologia del profondo.
- Studio dell'inconscio, degli istinti fondamentali, dell'aspetto morboso della psiche.
- Repressione e sublimazione.
- L'ambiente interno condiziona il comportamento.
- Impersonalità del terapeuta.

L'*approccio umanistico* parte dal presupposto che le persone abbiano in se stesse una conoscenza intuitiva di ciò che desiderano e di cui hanno bisogno. I problemi dei clienti vengono visti come assolutamente unici per loro. L'aspetto più importante di qualunque psicoterapia umanistica è il tentativo di facilitare la crescita del *cliente* attraverso l'autorealizzazione, l'integrazione e la globalità. Perché considera "l'uomo in divenire", creativo, cosciente e con un buon margine di libertà, capace di incidere sull'ambiente e prendere decisioni responsabili (Spalletta, Germano 2006).

Caratteristiche:

- Focus sul significato che la persona dà alla sua esperienza.
- Potenziamento della consapevolezza e della capacità di autodeterminazione della persona.
- Enfasi degli aspetti qualitativi come creatività, valutazione, scelta.
- La persona umana considerata positivamente nella sua unicità e totalità può incidere sull'ambiente.
- Il *counselor* è l'agevolatore del cambiamento, presente con la sua empatia, autenticità, immediatezza del rapporto, accettazione incondizionata.

1.4.1 L'approccio pluralistico integrato.

Questi tre approcci possono essere a loro volta suddivisi in altri ulteriori approcci e modelli teorici di riferimento, tuttavia alcuni strumenti e abilità di base del *counselor* sono comuni a tutti. D'altro canto, ognuno dei singoli approcci presenta dei limiti; financo l'approccio umanistico esistenziale: le prescrizioni rogersiane di fiducia, accoglienza, accettazione e rispetto sono talmente importanti che se non vengono stabilite sin dall'inizio, gli interventi possono anche fallire e inoltre l'attribuzione di potere personale e decisionale dell'individuo, se sopravvalutato, può diventare disfunzionale nella vita reale o nelle organizzazioni (Spalletta, Germano 2006). Anche in questi limiti, trova ragione la propensione all'integrazione pluralistica. Del resto esistono "fattori comuni" che rendono efficaci i singoli modelli e le singole teorie, e che caratterizzano la qualità della relazione d'aiuto: clima di accoglienza e di fiducia, alleanza collaborativa, qualità della presenza e compatibilità, coinvolgimento emozionale e motivazionale, rispetto dei tempi, legame di attaccamento mediante l'interesse genuino e l'accettazione, la congruenza del *counselor* e l'autosvelamento della persona/*cliente*, gestione delle dinamiche del transfert e del controtransfert.

L'approccio integrato prende forma negli anni '80 con il Movimento per l'Integrazione come ricerca di nuove possibilità di linguaggio compatibili con i tempi e le trasformazioni della conoscenza dell'uomo. Si basa sul presupposto che la costituzione della realtà non è riducibile ad un unico principio, ma a principi molteplici di più linguaggi coesistenti e conflittuali. L'approccio pluralistico prende quindi forma mediante un passaggio graduale dalle molteplici conoscenze ad un sapere che riassume ed integra acquisizioni concettuali e esperienze professionali.

Tale integrazione, concepita sia a livello teorico che metodologico che tecnico, è in armonia con un'ottica olistica ed ecosistemica della Persona, l'elemento unificante, cioè dell'individuo nella sua intera complessità fenomenologica, nella sua partecipazione attiva alla costruzione di stati, processi e significati esistenziali (Spalletta, Germano 2006). Si superano in tal modo le precedenti dicotomie mente-corpo, realtà oggettiva e realtà soggettiva, descrizione e interpretazione, pensiero-emozione, ragione e sentimento.

Il *counselor*, qualunque sia la base del proprio approccio integrato, soddisfa così il bisogno di possedere una conoscenza di tutti i sistemi teorici e tecnici che funzionano efficacemente con la più vasta gamma di clienti per trovare la specifica e funzionale risposta possibile, stante la varietà e complessità del comportamento umano. Un orientamento basato su un approccio pluralistico integrato, tendente al superamento delle differenze teoriche e metodologiche dei vari modelli, non è cosa semplice. Tuttavia, conoscere approfonditamente più modelli teorici di riferimento utilizzati nel *counseling* permette di poter operare, come *counselor*, la scelta più adeguata rispetto alla metodologia da utilizzare con i diversi clienti (Giusti, Taranto 2004).

Gli approcci generalmente più praticati sono la *pratica rogersiana*, le *psicoterapie della Gestalt*, l'*Analisi Transazionale*, il *Sistemico-familiare*, il *bio-funzionale corporeo*, la *Programmazione Neurolinguistica*, l'*arte terapia/counseling espressivo*, il *counseling di comunità.*

Ogni *counselor*, a partire dalla propria personalità, stile e orientamento, può prendere consapevolezza delle sue preferenze ovvero delle sue attitudini. Potrà ad esempio riconoscere una maggiore o minore propensione alla direttività, alla focalizzazione sul problema piuttosto che sulle soluzioni, sull'*insight* piuttosto che l'analiticità, all'accettazione piuttosto che al cambiamento, ecc.

1.4.2 La teoria di Rogers: la tendenza attualizzante e l'accettazione incondizionata.

> "... *Vasudeva ascoltò con grande attenzione. Tutto assimilò ascoltando: nascita e fanciullezza di Siddharta, tutti i suoi studi, tutto il suo gran cercare, tutta la sua gioia, tutta la pena. Tra le virtù del barcaiolo questa era una delle più grandi: sapeva ascoltare come pochi. Senza che egli avesse detto una parola, Siddharta parlando sentiva come Vasudeva accogliesse in sé le sue parole, tranquillo, aperto, tutto in attesa e non ne perdesse una, non ne aspettasse una con impazienza, non vi annettesse né lode né biasimo: semplicemente, ascoltava ... Siddharta sentì quale fortuna sia imbattersi in un simile ascoltatore, affondare la propria vita nel suo cuore, i propri affanni, la propria ansia di sapere ...*" (tratto da "Siddharta" di Hermann Hesse)

La pratica rogersiana si configura come un'azione di facilitazione fondata sul rispetto della persona e sulla fiducia nelle sue possibilità. Carl Rogers teorizzò la *Terapia Centrata sul Cliente* negli anni '40 '50, usando questo termine per indicare una relazione nella quale il cliente è assistito nelle proprie difficoltà senza rinunciare alla libertà di scelta e responsabilità. La visione rogersiana della persona ne coglie la forza, la capacità di sviluppare tutte le risorse utili per mantenere, autoregolare ed autorealizzare il proprio organismo. A partire dagli anni '60 la teoria rogersiana divenne *Approccio Centrato sulla Persona*, connotandosi come approccio sistemico che si concentra sulla salute anziché sulla malattia, che conferisce *empowerment* anziché curare e che promuove lo sviluppo delle potenzialità degli individui, dei gruppi e delle organizzazioni tramite il processo che rende le persone responsabili di ciò che fanno anziché consentirne la dipendenza (Simonelli, Simonelli 2010).

Rogers è stato il primo a parlare di *counseling* proprio quale alternativa alla psicoterapia analitica e comportamentale. Come psicologo si è formato a stretto contatto con psicanalisti e comportamentisti e grazie a una costante riflessione sulla sua opera di psicoterapeuta giunse alla conclusione secondo cui risultava impossibile far rientrare ogni singolo paziente nelle teorie o classificazioni di ciascun modello teorico da lui precedentemente adottato. Il suo orientamento si delineò allora come "anti-modello" (che si distingue dai due precedenti modelli "forti"), come "terapia centrata sul *cliente*", ovvero, infine, come "*counseling* non direttivo" (per differenziare il suo approccio dalla estrema "direttività" del movimento psicodinamico e comportamentista) (Nave 2009).

La relazione d'aiuto deve prevedere che il *counselor*, che ha la responsabilità di condurre il colloquio, sia consapevole del duplice obiettivo: comprendere l'altro e aiutarlo a prendersi in carico. Il *counselor* si rifiuta di orientare il *cliente* verso una determinata direzione. Il suo compito non è quello di guidare, ma di creare le condizioni per lo sviluppo, un ambiente decondizionante. Obiettivi del *counselor* sono quelli di creare un clima di fiducia, attraverso l'accettazione positiva incondizionata, l'autenticità e l'empatia, che favorisce l'incontro, agevolare l'autoesplorazione, favorire l'autonomia esistenziale, chiarificare, aiutare a prendere decisioni, agevolare. Se così non fosse, un ambiente condizionante genererebbe nella persona ansia e angoscia, paura di perdere le difese e le condizioni di stima, rigidità percettiva e fissità, l'insorgenza di difese (Spalletta, Germano 2006).

Ciò richiede dei *presupposti* e delle *predisposizioni di base* del *counselor*. I primi sono la concezione positiva dell'essere umano, una adeguata conoscenza di se stesso, autoaccettazione e un atteggiamento eterocentrico; le seconde sono autenticità, accettazione incondizionata, e comprensione empatica.

1.4.2.1 L'accettazione incondizionata.

Il *cliente* ricava sicurezza dall'accettazione del *counselor* non dalla sua approvazione che, contenendo nelle sue premesse un giudizio, può essere comunque vissuta come una "minaccia" che viene dall'esterno, qualcosa da cui l'individuo si difende. Del resto, la valutazione positiva è altrettanto minacciosa di una negativa: dire a qualcuno che è buono implica che si ha anche il diritto di dirgli che è cattivo. Si tratta in ogni caso di una autorizzazione che deriva dal praticare il giudizio (vedi il "VISSI" del cap. 1.5).

Serve, dunque, un legame caratterizzato da calore umano, interesse, tolleranza riguardo all'espressione dei sentimenti. Per fare questo occorrono specifici comportamenti del *counselor* che dimostrino di accettare i sentimenti, le emozioni e le espressioni del *cliente* che stanno alla base delle sue dichiarazioni, anche, ad esempio, adattando il proprio tono di voce alle risposte che verbalmente vogliono essere accettanti. Il *counselor* si riferisce a emozioni e sentimenti già espressi perché il *cliente*, sentendosi accettato in ciò che prova consapevolmente, abbandoni le difese e lasci emergere altri sentimenti ancora inespressi. Risponde al sentimento manifestato, ad esempio, col linguaggio del corpo e non solo al contenuto intellettuale delle affermazioni: ciò non significa svalutare il contenuto ma riorganizzarlo in modo da sottolineare elementi emotivi introdotti dal messaggio.

È indispensabile eliminare tracce di valutazione dal proprio linguaggio e comportamento e non esprimere valutazioni moralistiche o divieti o condanne. Per ottenere una verbalizzazione il meno distorta possibile è necessario un atteggiamento completamente permissivo, che eviti di frustrare e quindi bloccare la comunicazione della persona. Gli interventi del *counselor* devono limitarsi a sottolineare aspetti che il *cliente* ha già verbalizzato e che è pertanto in grado di affrontare senza difese.

1.4.2.2 La comprensione empatica.

Sentire il mondo personale del cliente, "come se" fosse nostro senza però mai perdere questa qualità del "come se" … sentire l'ira, la paura, il turbamento del cliente, come se fossero nostri, senza però aggiungervi la nostra ira, la nostra paura, il nostro turbamento.

(Rogers C., Client-Centred Therapy, 1951)

Tale comprensione empatica è differente da quella più frequente dell'interazione quotidiana. Il tipo di comprensione che nella vita di tutti i giorni offriamo e riceviamo è una comprensione che valuta dall'esterno: tendiamo a vedere il mondo dell'altra persona soltanto dal nostro punto di vista, non dal suo, lo analizziamo e lo valutiamo, non lo *com-prendiamo.* Generalmente, siamo centrati esclusivamente sui fatti, dimostriamo scarso interesse e attenzione ed esprimiamo giudizi sui contenuti e commenti. Dal piano dei *talk-talent-show* televisivi a quello dei *like* dei *social*, la cultura del *giudico ergo sum* rischia di contaminare il pensiero e di abituare alla pratica della valutazione automatica. Peggio ancora, in questo ambito, se il *counselor* prova disinteresse interiore, finge un ruolo di ascolto solo per dovere professionale, mostra monotonia nel tipo di domande accompagnata da un linguaggio del corpo che esprime disinteresse o noia.

L'empatia non è identica alla simpatia. Si possono comprendere i pensieri dell'altra persona senza provare simpatia per lei come del resto possiamo provare simpatia per una persona senza comprenderne la realtà soggettiva. La simpatia è "sentire l'altro" dunque stiamo parlando di due unità psichiche; l'empatia invece è "sentire dentro l'altro" si crea una sola unità (Giusti, Locatelli 2000). Scrive Rollo May: <<Questa è l'empatia: il sentimento o il pensiero di una personalità che entra dentro un'altra, fino a raggiungere uno stato di identificazione. Solo così può verificarsi una reale

comprensione fra esseri umani; senza di essa, in realtà, non ne è possibile alcuna>> (May 1991, 50).

L'interlocutore empatico mostra curiosità e una partecipazione reale all'ascolto e non finzione, è centrato sul vissuto emotivo e lo mostra con pluralità di domande, riformulazione dei contenuti, segnali non verbali e paralinguistici di attenzione. Sa sperimentare con immediatezza e ricchezza di sfumature sentimenti e idee espressi dall'interlocutore. Sa accettare il vissuto di tali sentimenti ed idee nella loro evoluzione.

Empatia e comprensione facilitano la modificazione della percezione della realtà, facendo vedere rapporti nuovi tra le situazioni, vedere gli stessi fatti in una configurazione nuova.

<<L'empatia, il "metterci nei panni di", il "vibrare insieme a", è uno strumento essenziale della vera comunicazione, cioè della comunicazione che cambia entrambi gli interlocutori. Non solo, essa cambia anche l'osservatore in relazione al sistema osservato>> (Scardovelli 1998, 19).

1.4.2.3 La congruenza.

Il *counselor* incontra il *cliente* in modo autentico, da persona a persona. Non si nasconde "dietro una maschera". Ascolta e accetta i propri sentimenti, sebbene non li attribuisca all'altro (es. noia, stanchezza, antipatia, non come caratteristiche dell'altro ma come miei sentimenti). Tanto maggiore sarà la congruenza del *counselor* tanto più ci si potrà attendere che la personalità del *cliente* potrà modificarsi in quella direzione. Se il *counselor* è autentico e coerente via via anche il *cliente* si sente "obbligato" ad essere sincero e ad aprirsi dando sempre più credito al professionista e allo stesso processo.

Quando i *counselor* sono onesti e aperti nel comunicare con i clienti si stabilisce un'atmosfera di fiducia e tale atmosfera aiuta a stimolare i clienti a diventare più onesti e aperti a loro volta. È possibile, quindi, che il *counselor* funga da modello di apertura per il *cliente* e che in questo modo possa migliorare la capacità del *cliente* di impegnarsi nel processo spesso doloroso dell'autorivelazione (Hough 1999).

Naturalmente il vero significato della genuinità del *counselor* è che l'empatia e l'atteggiamento incondizionatamente positivo per il *cliente* siano reali e non fittizi. Quando l'empatia e l'accettazione sono realmente presenti il *counselor* sarà aperto, onesto e naturale in modo autentico. L'esperienza che il *cliente* fa di tale coerenza o genuinità dovrebbe aiutarlo a rendersi conto che tali atteggiamenti sono utili in una relazione, e incoraggiarlo a essere più onesto anche nelle sue relazioni con altre persone. Come a dire che il *cliente*, uscendo dal *setting*, porta con sé una parte di quelle qualità sperimentate e le può vivere nella sua quotidianità.

1.4.3 L'approccio della Analisi Transazionale

A dare origine e sviluppo all'*Analisi Transazionale* (*A.T.*) fu lo psicologo canadese Eric Berne a metà del secolo scorso, una teoria della personalità che oltretutto ha contribuito in maniera fondamentale allo sviluppo delle *terapie di gruppo*. Berne, sebbene avesse elaborato idee complesse ed acute, volle che l'*A.T.* fosse accessibile a tutti, familiare e leggibile, e per questo scelse di utilizzare parole semplici per descrivere il proprio pensiero. Ciò da un lato ha contribuito alla sua divulgazione, dall'altro ha indotto alcuni autori ad ipersemplificarla (Stewart, Joines 2000). Il *counseling* in *Analisi Transazionale* è una forma metodologica tesa ad ottenere un cambiamento attraverso una tecnica appropriata basata sul qui ed ora: l'intento è di favorire il recupero autonomo da parte del *cliente* di soluzioni più produttive rispetto a quelle precedentemente adottate.

L'*A.T.* è un approccio razionale alla comprensione del comportamento, basato sull'assunto che tutti possono imparare a fidarsi di se stessi, pensare per se stessi, prendere le proprie decisioni ed esprimere i propri sentimenti. Secondo Berne un importante fine della *A.T.* è di <<stabilire la comunicazione più aperta e autentica possibile fra la componente affettiva e quella cognitiva della personalità>> (James, Jongeward 1987).

Alla base della teoria dell'*A.T.* c'è il modello degli *stati dell'Io*: la personalità di ognuno è strutturata in tre parti e, a seconda delle circostanze emotive, si parla o si agisce aderendo ad una di esse. L'*A.T.* fornisce anche una teoria della comunicazione. Questa può essere estesa fino a fornire un metodo di analisi dei sistemi e delle organizzazioni. L'*A.T.* offre inoltre una teoria sullo sviluppo infantile. Il concetto di *copione* spiega come gli schemi di vita attuali abbiano origine nell'infanzia. Nel quadro del *copione* l'*A.T.* elabora spiegazioni di come nella nostra vita di adulti noi continuamente riproponiamo delle strategie infantili quando esse generano risultati autolesionisti o dolorosi.

L'*A.T.* è un potente strumento nell'addestramento alla direzione e alla comunicazione nonché nell'analisi delle organizzazioni. Tra le molte altre applicazioni sono i suoi impieghi da parte degli assistenti sociali, della polizia e dei tribunali, nonché dei sacerdoti. L'*A.T.* può essere utilizzata in molti campi in cui vi sia necessità di capire le persone, i rapporti e la comunicazione.

1.4.3.1 Il modello degli stati dell'Io (modello GAB).

Questo modello fornisce una spiegazione di come esprimiamo la nostra personalità in termini di comportamento. Berne chiama questi tre *stati dell'Io* il Genitore, l'Adulto e il Bambino. Uno *stato dell'Io* è un insieme di comportamenti, pensieri ed emozioni tra loro collegati.

Se una persona si comporta, pensa e sente in relazione a ciò che sta avvenendo intorno a lei, qui ed ora, utilizzando tutte le risorse a sua disposizione quale persona adulta, si dice che è nello *stato dell'Io* Adulto. L'Adulto è la parte razionale e non emotiva, quella parte che pensa in maniera logica, raccoglie obiettivamente i fatti e analizza i dati. Talvolta essa può comportarsi, pensare e sentire in modi che sono una copia di quelli dei suoi genitori, o di altre persone che sono state per lei delle figure genitoriali. In questi casi si dice che è nello *stato dell'Io* Genitore, che rappresenta gli atteggiamenti e le opinioni apprese dalle figure autoritarie durante l'infanzia; può criticare o incoraggiare. Altre volte può tornare a modi di comportamento, di pensiero e di emozione che utilizzava quando era bambino. Si dice allora che è nello *stato dell'Io* Bambino. Col passare degli anni non si perde mai il proprio lato infantile, la spontaneità, la creatività, le intuizioni e le emozioni che accompagnano ogni persona alla nascita, siano esse gioie o paure (Miglionico 2000)[6].

[6] In Spalletta E., Germano F., (2006), *Microcounseling e microcoaching*, Edizioni Sovera Roma

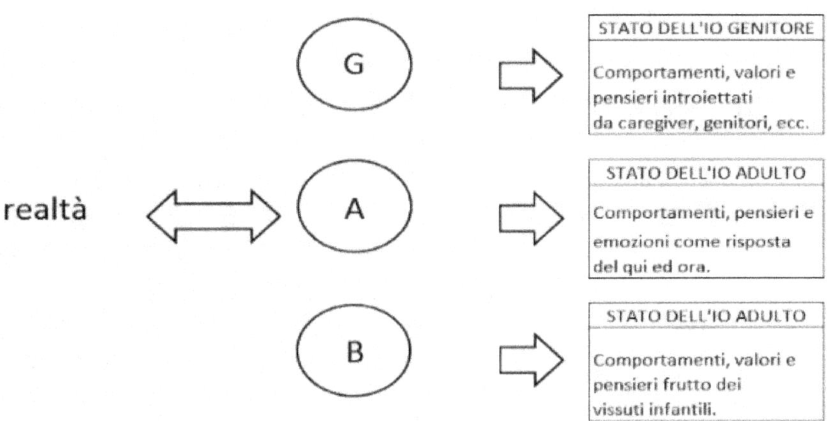

Secondo questa teoria, per una personalità sana ed equilibrata ognuno ha bisogno di tutti e tre gli *stati dell'Io.* C'è bisogno dell'Adulto per la soluzione dei problemi del qui ed ora, che permette di affrontare la vita in modo competente ed efficace. Per adeguarsi bene alla società e alle sue regole c'è bisogno dell'insieme di regole che si portano nel proprio *stato dell'Io* Genitore. Nello *stato dell'Io* Bambino, infine, si ha nuovamente accesso a quella spontaneità, a quella creatività e a quel potere intuitivo che si ha durante l'infanzia.

Berne dice che ciascuno *stato dell'Io* è definito da una combinazione di emozioni e di esperienze che si verificano uniformemente insieme e che sono direttamente collegate ad un corrispondente schema uniforme di comportamento. Ciò vuol dire che quando una persona è in contatto con emozioni ed esperienze che definiscono un particolare stato dell'Io esibirà anche i comportamenti che definiscono quello stesso *stato dell'Io.* Ciò è molto importante per un *counselor* che può, riconoscendo specifici comportamenti del *cliente*, effettuare affidabili collegamenti tra comportamenti, emozioni ed esperienze e, dunque, con i suoi stati dell'Io.

Base irrinunciabile perché un *counselor* sia efficace è che usi dal punto di vista funzionale coerentemente e appropriatamente tutti i suoi *stati dell'Io.* Nel rapporto di *Counseling* il Genitore fornisce protezione, opinioni, permessi, così come incoraggiamento e sostegno, l'Adulto fornisce informazioni, probabilità e analisi e il Bambino fornisce creatività, entusiasmo e, soprattutto, un modello per l'espressione sana delle emozioni e sensazioni, per il godimento della vita, e per l'esplicitazione di bisogni e necessità.

Un esempio importante dell'uso dei vari *stati dell'Io* in un percorso di crescita è offerto dalla stipulazione del contratto, cioè dell'accordo tra *counselor* e *cliente* che delinea le mete, le fasi e le condizioni del percorso. Perché un contratto sia efficace deve essere stipulato tra lo stato dell'Io Adulto del *counselor* e lo stato dell'Io Adulto del *cliente*. Infatti dal punto di vista funzionale: l'Adulto del *cliente* fornisce i dati rilevanti per il contratto (motivi), il Bambino del *cliente* fornisce l'energia per portarlo avanti (motivazione), il Genitore del *cliente* ne approva il contenuto; l'Adulto del *counselor* valuta la pertinenza del contenuto del contratto e la reale possibilità del *cliente* a soddisfarne i termini, il Genitore del *counselor* valuta l'eticità del contratto proposto e la necessità di protezione del *cliente*, il Bambino del *counselor* in empatia con quello del *cliente* ne percepisce l'effettiva coerenza con i suoi bisogni e desideri.

1.4.3.2 Transazioni.

Quando due persone comunicano tra loro possono scegliere di rivolgersi da uno qualsiasi dei tre *stati dell'Io*. Questo scambio di comunicazioni sono dette *transazioni*. Ogni *transazione* prevede una comunicazione di apertura chiamata *stimolo* ed una di ritorno chiamata *risposta*. Possono essere rappresentate con dei vettori (*vettori transazionali*) che partono dallo *stato dell'Io* di una persona e giungono in quello dell'altra.

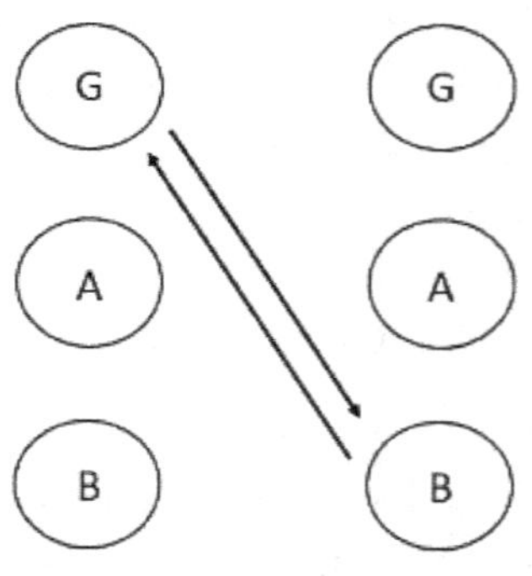

Al fine di gestire e capire la comunicazione con e del *cliente*, il *counselor* può avvalersi delle regole determinate dall'*A.T.* e che fanno uso proprio dei modelli degli *stati dell'Io* e delle *transazioni*.

La "prima regola della comunicazione" dice che fintanto che le *transazioni* rimangono *complementari* la comunicazione può continuare indefinitamente. E una *transazione* è *complementare* quando i vettori transazionali sono paralleli: lo stato dell'Io cui si rivolge è quello che risponde e da cui si riceve una risposta prevista. Una conversazione può consistere in una catena di transazioni complementari. Ovviamente qualsiasi conversazione giungerà a un termine dopo un certo periodo di tempo, ma fintantoché le transazioni rimangono complementari non vi è nulla nel processo di comunicazione che possa interrompere il flusso ininterrotto tra *stimolo* e *risposta* (Stewart, Joines 2000).

La "seconda regola della comunicazione" dice che quando una *transazione* è *incrociata* si ottiene una interruzione nella comunicazione e una o entrambe le persone dovrà cambiare *stato dell'Io* affinché la comunicazione possa essere ristabilita. Una *transazione* è *incrociata* quando i vettori transazionali non sono paralleli, o nella quale lo *stato dell'Io* cui ci si rivolge non è quello che risponde, e ciò impedisce la comunicazione. Quando una *transazione* è *incrociata* ci sono buone possibilità che la persona che riceve la risposta passi nello *stato dell'Io* cui è stata invitata dall'altro; probabilmente poi si porterà a una *transazione parallela* a partire dal nuovo stato (*ibidem*).

La "terza regola della comunicazione" dice che l'esito in termini comportamentali di una *transazione ulteriore* è determinato a livello psicologico e non a quello sociale. Una *transazione ulteriore* ha uno scopo nascosto ed è quella in cui vengono inviati due messaggio al contempo: uno manifesto e *socialmente accettabile* e uno inespresso, nascosto o a *livello psicologico*. Berne sostiene che quando due persone comunicano a due livelli ciò che effettivamente avviene è *sempre* l'esito dei messaggi nascosti (*ibidem*).

Nessun tipo di transazione è "buona" o "cattiva" in se stessa. Se si vuole mantenere un flusso di comunicazione prevedibilmente fluido, si può scegliere di mantenere le *transazioni* parallele. Se si riconosce che una comunicazione con una persona sia zoppicante e fastidiosa, si può verificare se l'uno o l'altro usano incrociare le *transazioni*. In tal caso, si può decidere di appianare gli scambi evitando gli incroci (*ibidem*).

1.4.3.3 Carezze.

Quando due persone effettuano delle *transazioni*, l'una segnala un riconoscimento dell'altra e l'altra rinvia questo riconoscimento. Nel linguaggio dell'*A.T.* qualsiasi atto di riconoscimento è chiamato *carezza*. Le *carezze* indicano l'universale bisogno di riconoscimento da parte degli altri, per mantenere il benessere fisico e psichico. La scelta di Berne del termine "carezza" si riferisce al bisogno infantile di essere toccati, bisogno che da adulti ancora si anela ma che si impara anche a sostituire con altre forme di riconoscimento: un sorriso, un complimento o al limite anche un'occhiata storta o un insulto sono tutte cose che mostrano il riconoscimento dell'esistenza della persona (Stewart, Joines 2000).

Le carezze possono essere, in funzione della modalità di espressione, *verbali* se implicano un messaggio udibile oppure *non verbali* se implicano un contatto fisico (fisiche) o se implicano un messaggio trasmesso attraverso il linguaggio del corpo (mimiche).

Possono essere *condizionate* se vengono date per un comportamento, fare o avere oppure *incondizionate* se vengono date per l'essere della persona. E, altresì, tali condizionamenti o non condizionamenti, potranno essere positivi o negativi ovvero *carezze positive* se chi la riceve la vive come piacevole, *carezze negative* se esperite come spiacevoli. Pertanto si potranno avere carezze positive condizionate (<<Che bel lavoro che hai fatto>>), positive incondizionate (<<È bello averti qui>>), negative condizionate (<<Non mi piacciono i tuoi zoccoli>>), negative incondizionate (<<Ti odio>>, o ancora le *svalutazioni* <<Sei odioso>> che agiscono sulla identità).

Infine possono essere *costruttive* se producono un aumento del senso del valore essenziale che percepisce in sé il ricevente (ciò che in seguito chiameremo *okness*) oppure *distruttive* se producono un aumento del senso di svalutazione del ricevente.

Secondo Berne le persone operano secondo il principio che "qualsiasi *carezza* è meglio che nessuna *carezza*". Se non sembrano esserci abbastanza *carezze positive* per esaudire il bisogno di riconoscimento le persone passeranno a cercare *carezze negative*. Quindi non necessariamente le *carezze positive* sono sempre "buone" e quelle *negative* sempre "cattive": le *carezze* sono importanti perché usate per conoscere il mondo, sia nell'infanzia che nell'età adulta (*ibidem*).

Il *counselor* può riconoscere in che relazione è il *cliente* con il suo bisogno di riconoscimento in funzione proprio delle carezze che può rivelare nel *qui ed ora* e nella narrazione e, naturalmente, far accrescere la sua consapevolezza in merito.

1.4.3.4 La strutturazione del tempo.

Quando effettuano delle *transazioni* in gruppi o in coppie, le persone impiegano il tempo in svariati specifici modi che possono essere elencati e analizzati. È quel che viene chiamata l'*analisi della strutturazione del tempo.* Secondo Berne le persone hanno il bisogno di strutturare il proprio tempo, stabilendo cosa fare e quando e, ogniqualvolta si riuniscono in coppie o gruppi, ci sono sei modi in cui possono trascorrere il tempo, così chiamati: *isolamento*, *rituali*, *passatempi*, *attività*, *giochi* e *intimità*.

Isolamento. La persona non effettua transazioni con gli altri, dipende solo da se stessa per la stimolazione e la strutturazione del tempo. Può succedere che una persona pur essendo fisicamente in un gruppo si isoli accedendo a un qualunque *stato dell'Io*, potrebbe ad esempio rivolgere l'attenzione al suo interno, svolgere un monologo interiore, oppure con l'immaginazione viaggiare col pensiero all'esterno, ecc. Le uniche carezze che può dare o ricevere sono a se stessa.

Rituali. Una persona sceglie di strutturare il proprio tempo con una familiare interazione sociale, pianifica di "andare sul sicuro". Lo scambio di *carezze* è sicuro e prevedibile. Le persone si comportano le une verso le altre in modo fisso, pre-programmato (<< Buongiorno, come va?>>, la stretta di mano, la riunione periodica del lunedì, il caffè delle dieci, ...).

Passatempi. Anche in questo caso le persone scelgono di procedere in modi familiari ma non programmati come nei rituali. Le persone scambiano opinioni, pensieri o sentimenti su argomenti relativamente innocui (sport, tempo, figli, vacanze), spesso, proprio per questo, di cose già accadute, anziché di ciò che sta accadendo nel qui ed ora. I passatempi in genere sono gestiti dagli *stati dell'Io* Genitore o Bambino. Un passatempo genitoriale consiste nell'esprimere opinioni preconcette sul mondo. Negli scambi sociali i passatempi svolgono la funzione di "esplorazione dell'altro" come possibile partner dello scambio di *carezze* più intense che possono aver luogo nei *giochi* o nell'*intimità*.

Attività. Quando le persone volgono l'energia a raggiungere un obiettivo concreto, non al semplice parlare. La comunicazione è diretta verso uno scopo apertamente condiviso, come può accadere ad esempio sul luogo di lavoro. Lo *stato dell'Io* predominante in genere è l'Adulto e le carezze quelle condizionate, sia positive che negative.

Intimità. Scambio di desideri ed emozioni autentici. Intimità è la sola risposta soddisfacente alla fame di stimolo, alla fame di riconoscimento e di struttura. Il suo prototipo è l'atto amoroso.

Giochi. Sequenza ripetitiva di transazioni (ulteriori) al termine della quale i partecipanti provano una sensazione di disagio. Riproposizioni di strategie infantili non più adatte a noi come persone adulte. Effettuati da parti negative degli *Stati dell'Io*. Scambio di svalutazioni, di carezze negative. Si gioca per portare avanti il proprio copione e per ricevere carezze. Sono inconsapevoli e si sviluppano secondo schemi ripetitivi il cui inizio comporta sempre una svalutazione di sé, dell'altro o della situazione (Sabbadini 2009).

1.4.3.5 I copioni.

> <<*Tutto il mondo è un palcoscenico e tutti, uomini e donne, non sono che attori. Hanno le loro entrate e le loro uscite; ciascuno nella sua vita recita diverse parti*>>
>
> (tratto da "*As you like it*" di William Shakespeare)

Il *copione* è l'insieme di decisioni prese dal bambino in risposta a messaggi di copione provenienti prevalentemente dai genitori. Un piano di vita che si basa su una decisione presa durante l'infanzia, rinforzata dai genitori, giustificata dagli avvenimenti successivi e che culmina in una scelta decisiva.

Per ottenere un quadro migliore dello sviluppo di una persona può essere utile comprendere il contesto delle primissime decisioni di vita, che furono influenzate dalle esperienze infantili e dalla presenza genitoriale. Già nell'età prescolare, infatti, ogni bambino si è già creato un *copione* personalizzato, il suo *piano di vita inconscio*, col miglior materiale possibile: frammenti di favole, film, commenti sentiti per caso in famiglia, esperienze, ecc. E prende le sue decisioni di copione in risposta alla propria percezione di ciò che succede intorno a lui. Crescendo, è possibile dimenticare la trama particolare, ma si continuerà a recitare il tema di fondo del proprio *copione* e, a meno che non si decida di cambiarlo, il suo filo conduttore determinerà la strutturazione del resto della vita (Spalletta, Germano 2006).

Il *copione* non è determinato unicamente dalle forze esterne quali i genitori e l'ambiente, ma il bambino decide quale sarà il suo *piano di vita*. Tuttavia tali decisioni non sono prese nel modo riflessivo deliberato associabili alle decisioni prese dall'adulto, ma derivano da emozioni e vengono prese prima ancora che il bambino abbia la capacità di parola. Col tempo viene rinforzato dai genitori che, anche inconsciamente, influenzano con comportamenti e messaggi sia verbali che non verbali.

Col tempo si interpreta la realtà all'interno della propria struttura di riferimento in modo tale che essa *appaia* giustificare le *decisioni di copioni* prese. Secondo l'*A.T.* le *decisioni di copione* rappresentano la migliore strategia che ha il bambino per sopravvivere in un mondo che spesso gli sembra ostile se non minaccioso per la sua vita; e, inoltre, le *decisioni di copione* sono prese sulla base delle emozioni e dell'esame di realtà del bambino.

Da adulti talvolta si ripropongono le strategie che vennero attuate da bambini. In queste occasioni le persone adulte reagiscono alla realtà qui ed ora come se fosse il mondo che immaginarono nelle loro prime decisioni. Quando agiscono così si dice che *sono nel copione*. La ragione primaria è che sperano ancora di risolvere il tema fondamentale rimasto irrisolto nella loro infanzia: come ottenere amore e attenzioni incondizionate (Stewart, Joines 2000).

Conoscere il *copione* dà modo di capire perché le persone si comportano in un certo modo, specie quando certi comportamenti sono comportamenti fonte di disagio e impasse. Il *counselor* ha come obiettivo quello di sostenere il *cliente* nel liberarsi del *copione*, dei *giochi* e a diventare più libero e autonomo nelle scelte di vita, di assisterlo nell'esaminare le decisioni precoci e nel prendere nuove decisioni basate sulla consapevolezza.

1.4.3.6 Posizioni di vita.

In *A.T.* le convinzioni fondamentali di una persona su di sé e sugli altri, utilizzate per giustificare le proprie decisioni e il proprio comportamento, vengono indicate attraverso il modello di Franklin Ernst chiamato "OK Corral", per cui se tali convinzioni suggeriscono un senso di adeguatezza, di "essere a posto", di "andare bene" allora si indica con "IO OK" (o anche "TU OK"); nel caso contrario "IO NON OK" (o anche "TU NON OK"). Si dice "un senso di *okness*" oppure "un senso di non *okness*". E ognuno di noi arriva all' età adulta dopo aver costruito un copione basato su una delle quattro *posizioni di vita* o *posizioni esistenziali* o *disposizioni di vita*:

TU OK e IO OK / IO OK e TU NON OK / IO NON OK e TU OK / IO NON OK e TU NON OK

TU OK

non ok - ok | ok - ok

paura, vado via da | *gioia, vado avanti con*

IO NON OK | IO OK

tristezza, niente da fare con | *collera, mi libero di*

non ok - non ok | ok - non ok

TU NON OK

Secondo Berne, il bambino avendo assunto certe convinzioni su se stesso, i suoi genitori e gli altri ovvero avendo scelto la sua posizione di vita tende a costruire tutto il resto del proprio copione in modo che collimi con essa. Poi ognuno arriva all'età adulta avendo scritto un copione basato su una delle quattro posizioni di vita. Ma non si resta in quella posizione ventiquattr'ore al giorno: minuto per minuto cambiamo posizione (Stewart, Joines 2000).

La posizione TU OK e IO OK (*Vado avanti con*) è quella della persona a cui interessa andare avanti col progetto, con la vita, col vincere, con l'altro, con l'essere ok: affrontare la vita, risolvere i problemi e fare in modo di raggiungere gli esiti vincenti che si desiderano. In questa posizione vi è assenza di giochi. È la posizione sana e basata sulla realtà. L'individuo IO OK può a volte sentirsi NON OK e pensare che gli altri siano OK, oppure può sentirsi un perdente ma per la maggior parte del tempo funziona da vincitore.

La posizione IO OK e TU NON OK (*Mi libero di*) è quella della persona a cui interessa allontanare gli altri, vivendo da una posizione difensiva e cercando di rimanere superiore agli altri. Nessuno riesce ad avvicinarla. Può trattarsi del fanatico, dell'istigatore della causa.

La posizione IO NON OK e TU OK (*Vado via da*) lo dice l'escluso, colui che vuole evitare le altre persone, come fanno le persone depresse. Senza rendersene conto sceglie sensazioni negative e dei comportamenti ripetitivi che confermino questa posizione nel mondo.

La posizione IO NON OK e TU NON OK (*Niente da fare con*) è quella della persona che si considera destinato a fallire, un copione vissuto principalmente a partire dalla posizione di inutilità.

1.4.3.7 I messaggi di copione.

L'insieme di decisioni che costituiscono il copione di vita vengono prese dal bambino in risposta a messaggi su se stesso, gli altri e il mondo. Occorre ricordare, però, che i messaggi che il bambino percepisce come provenienti dai genitori e dal mondo che lo circonda possono essere molto diversi da quelli che percepirebbe un adulto. Talvolta il bambino può dedurre dei messaggi di copione a partire da eventi che non sono stati creati intenzionalmente o addirittura non da persone (forti rumori, improvvisi movimenti, separazioni dai genitori, *eventi* traumatici, ecc.).

I messaggi di copione possono essere trasmessi *verbalmente*, *non verbalmente* o in questi due modi combinati. Sia per questo (vedi *terza regola della comunicazione*) che ancor più quando il bambino non è ancor capace di parlare, i messaggi sono frutto non solo di una propria percezione soggettiva ma anche di una vera e propria interpretazione. Del resto, i bambini piccoli osservano attentamente come gli altri si comportano anche allo scopo di apprendere (*modellamento*) quale sia il modo di ottenere ciò che vogliono. E in funzione della loro percezione e interpretazione traggono le conclusioni che li portano a decidere.

Comandi/attribuzioni. I messaggi di copione possono essere espressi sotto forma di ordini diretti e la loro influenza si accentua con la ripetizione e il tipo di segnali non verbali che li accompagnano. A volte, a prescindere dal contenuto positivo o negativo, possono riguardare il *fare* ovvero i comportamenti ma altre volte quello che *è* ovvero l'identità ("Sei stupido", "Tu sei la mia bambina"). Altre volte le *attribuzioni* possono essere espresse in modo indiretto. Questo significa che i genitori parlano *del* bambino a qualcun altro, che il bambino sia presente o lo venga a sapere da altri ("Lui è quello tranquillo", "Ci preoccupa perché è un disastro", "Silvia è così carina"). A volte le attribuzioni vengono trasmesse di generazione in generazione.

Le *contro-ingiunzioni* sono i messaggi verbali che hanno origine dagli *stati dell'Io* Genitore della madre e del padre e vengono immagazzinate come parte del contenuto del nostro Genitore. Consistono in comandi su cosa fare o non fare più alcune definizioni degli altri e del mondo ("Sii buono", "Non fare lo stupido", "Lavora sodo", "Sii il primo della classe", "È brutto dire bugie", "I panni sporchi si lavano in casa propria"). In generale servono per adeguarci agevolmente al contesto sociale, ma c'è anche il rischio che alcune di queste creino un copione negativo e diventino comportamenti non sani. Particolari sono le *spinte*, quali "Sii perfetto", "Sii forte", "Sforzati", "Cerca di piacere", "Sbrigati" che possono essere intese dal bambino come condizioni per essere OK.

Le *ingiunzioni* e i *permessi* (in genere preverbali) sono inviati dallo *stato dell'Io* Bambino della madre e del padre e vengono immagazzinati nel contenuto del nostro Bambino. Può trattarsi di permesso di esistere, permesso alla vicinanza, ingiunzioni di non esistere, ingiunzioni di non avvicinarsi.

Il *programma* sono l'insieme dei messaggi sul come si fanno le cose ("ecco come si fa") che provengono dallo *stato dell'Io* Adulto della madre e del padre che sono indirizzati all'Adulto del bambino. In generale servono per adeguarci agevolmente al contesto sociale in modo positivo e costruttivo, ma, anche in questo caso come le *contro-ingiunzioni*, c'è anche il rischio che alcuni di questi creino un copione negativo.

Da adulti andare contro questi messaggi può creare disagio o confusione. Sfidare un'ingiunzione può far provare una tensione corporea, un senso di disagio, sudorazione o palpitazioni e, per questo, si può essere portati ad evitare il comportamento che va contro le ingiunzioni (Stewart, Joines 2000). Un *cliente* che prova un tale disagio ma non ha assoluta cognizione di tutto questo, può essere aiutato proprio dal *counseling* in un lavoro sulla consapevolezza e sulle relazioni fra i suoi comportamenti e le sensazioni, stati d'animo, ecc.

1.4.4 Elementi della Gestalt per il Counseling

Il carico teorico e tecnico delle *Gestalt* è molto vasto e, pertanto, di seguito verranno raccolti sinteticamente gli elementi che sono la base di supporto per il *counselor* ad approccio umanistico. Per la spiccata natura olistica ed integrante di tale approccio, la letteratura di riferimento è altrettanto vasta e a questa si rimanda per ogni approfondimento.

Tuttavia, la filosofia generale della *Gestalt* è talmente importante ed indispensabile per dare senso ed efficacia alle tecniche *gestaltiche* che non si può omettere il contesto globale in cui esse sono inserite.

È Ginger a sostenere che <<troppo spesso queste *tecniche* (…) vengono confuse con la *Gestalt* da parte di principianti che ignorano quasi tutti i suoi principi fondamentali. Accade così che alcuni immaginano o pretendono di "fare della" *Gestalt* con il pretesto che fanno uso della "sedia vuota", oppure fanno parlare qualcuno con un cuscino! Come se bastasse recitare per fare dello psicodramma o stendersi su un divano per "fare della" psicoanalisi! (…) l'essenza della *Gestalt* non consiste nelle sue tecniche, ma nello spirito generale da cui essa procede e che la giustifica.>> (Ginger, Ginger 2004, 22)

1.4.4.1 Storia, fonti e definizioni.

La psicoterapia della *Gestalt* si sviluppa alla fine degli anni '40 dal lavoro di Fritz Perls (1893-1970), neuropsichiatra ebreo di origine tedesca, il quale, per sfuggire alle persecuzioni naziste, emigra inizialmente nel sud Africa e successivamente si trasferisce a negli Stati Uniti dove fonda e ispira la creazione di Istituti della Gestalt, sia a New York che in California.

Le fonti di riferimento della teoria sono:

- La psicologia della Gestalt.
- La psicoanalisi.
- Il modello psicocorporeo di W. Reich.
- La filosofia orientale.
- Lo psicodramma di Moreno.
- L'esistenzialismo.
- La fenomenologia.

L'approccio della psicoterapia della *Gestalt* trae spunto dai concetti sviluppati in seguito alle ricerche nel campo della percezione svolte dagli psicologi della *Gestalt*, che dimostrano come l'uomo non percepisce le cose come elementi distinti e sconnessi, ma le organizza in insiemi significativi, mediante il processo percettivo. Uno dei concetti basilari di tale approccio è che *il tutto è più (maggiore) della somma delle sue parti*; esso spiega la modalità del funzionamento di base non solo del processo percettivo, ma anche dell'apparato psichico in generale.

Il verbo *gestalten* significa "mettere in forma" o "dare una struttura significante" e il suo risultato, la Gestalt appunto, è dunque una forma strutturata, completa e dotata di un senso. *Gestalt* è un termine tedesco adottato ormai in tutto il mondo in quanto non ha un preciso equivalente nelle altre lingue. In realtà, piuttosto che di *Gestalt*, sarebbe più esatto parlare di "*Gestaltung*", termine che designa una *azione* prevista, in corso o compiuta, implicante un processo di messa in forma, una "*formazione*" (Ginger, Ginger 2004). L'osservazione fenomenologica, secondo questo approccio, deve astenersi dall'interpretare i significati dei singoli elementi, preferendo una descrizione accurata dell'insieme nella sua forma complessiva (la "Gestalt" del sistema, appunto). Il significato che emergerà al termine dell'osservazione risulterà essere ben più preciso e profondo della semplice somma delle analisi delle singole parti del sistema e perciò la terapia della *Gestalt* assume che per comprendere un comportamento è importante, oltre che analizzarlo, averne una visione di sintesi, ovvero cercare di percepirlo nell'insieme del contesto globale (visione olistica): ogni percezione si presenta all'esperienza come un tutto unico, come una struttura definitiva avente una sua forma individuale, e non come una giustapposizione di unità elementari.

Secondo Perls vi sono personalità prive di totalità, in certo modo "frammentate", consapevoli cioè solo di una parte di se stesse. Può darsi, ad esempio, che una donna non sappia o non voglia ammettere di agire talvolta come sua madre; o che un uomo non sappia o non voglia ammettere che talora ha voglia di piangere come un bambino. Scopo della terapia della *Gestalt* è di aiutare le persone a diventare un tutto unico e completo, consapevoli di queste parti "frammentate"; capaci di riconoscerle, servirsene e integrarle (James, Jongeward 1987).

1.4.4.2 L'importanza dei bisogni e il concetto di figura sfondo

La terapia della *Gestalt* è interessata al *bisogno* che l'uomo ha piuttosto che ai desideri: esistono bisogni organici, come mangiare e dormire, e psicologici, sociali o spirituali, il bisogno di appartenenza a un gruppo, il bisogno di dare un senso alla propria vita e così via. Tuttavia, non vengono sempre percepiti chiaramente o espressi in maniera diretta: il ciclo dei bisogni è spesso interrotto o perturbato e uno degli obiettivi del lavoro gestaltico è proprio quello di individuare queste interruzioni o distorsioni dovute alle resistenze (Spalletta, Germano 2006).

Nel lavoro di individuazione dei bisogni è importante ascoltare i sintomi avvertiti dalla persona a cui spesso sottendono i bisogni stessi. I sintomi, spesso fisici, sono da considerare come un canale che permette un contatto diretto con gli strati sub-corticali profondi del cervello (Ginger 1995)[7]. Sono un vero e proprio richiamo specifico della persona, il linguaggio scelto anche inconsciamente e che la *Gestalt* ritiene di dover ascoltare con attenzione e rispetto al punto da venir intensificati per meglio conoscerli (Ginger, Ginger 2004). Mentre gli studi di Maslow stabiliscono una gerarchia dei bisogni che vanno da un livello inferiore (fisiologici, di sicurezza e protezione) a livelli più elevati (di appartenenza ed affetto, di stima e riconoscimento sociale, di autorealizzazione) e che possono essere soddisfatti solo rispettando la sequenza cronologica (cioè quando i bisogni di livello inferiore sono stati gratificati), Perls afferma che non esiste una

---

[7] In Giusti E., Rosa V., (2002), Psicoterapie della Gestalt, Aspic Edizioni Scientifiche Roma

gerarchia degli istinti, ma che la graduatoria è stabilita dall'emergenza della *Gestalt* più urgente che si viene a definire in un momento dato, nel *qui ed ora* del soggetto e della sua relazione con l'ambiente (Giusti, Rosa 2002). In una situazione di normalità (*processo omeostatico* e *autoregolazione organismica*) l'organismo fa fronte a diversi bisogni che si manifestano simultaneamente, ma dal momento che può svolgere adeguatamente solo una funzione alla volta, deve operare una scelta entro una scala gerarchica di valori, seguendo uno schema che dà priorità al bisogno in primo piano (in "figura"), quello che preme con maggiore urgenza per il proprio appagamento, lasciando retrocedere temporaneamente nello "sfondo" gli altri. Quando l'individuo è in grado di individuare i suoi bisogni, assimilare le esperienze e soddisfare i bisogni avviene il cosiddetto *processo omeostatico.*

La consapevolezza di un bisogno crea la distinzione della figura dalla sfondo. Per Perls la persona sana deve essere in grado in quel determinato istante di individuare e distinguere chiaramente la figura dominante, ovvero la *Gestalt*, che assume pienamente significato soltanto in rapporto con lo sfondo retrostante. L'esperienza personale è infatti considerata una successione di figure-sfondo in cui ciò che è in figura è un bisogno emergente rispetto allo sfondo: i bisogni specifici del momento emergono dal contesto, per poi tornare sullo sfondo una volta soddisfatti. Un bisogno non soddisfatto costituisce una *Gestalt incompleta* che richiede il suo completamento, e se non verrà soddisfatto si aprirà un conflitto psichico (Zerbetto 1998)[8]. Il processo omeostatico in tal caso fallisce, perché l'individuo non è stato capace di identificare i suoi reali bisogni, o perché non ha saputo stabilire con il suo ambiente un contatto adeguato, la *Gestalt* (che in tedesco significa "forma") non si chiude, rimane inconclusa; e una *Gestalt* inconclusa pone continue interferenze al flusso di scambi tra l'individuo e l'ambiente, determinando una certa fissità nelle modalità con cui questi manipola e interagisce con l'ambiente stesso. Attraverso un processo di differenziazione tra la figura e lo sfondo guidato da una personale gerarchia dei bisogni l'individuo mastica, deglutisce e digerisce, incorpora nel Sé le esperienze positive e sputa via quelle negative: l'assimilazione attiva del mondo è necessaria e per poter "digerire la mela" ed evitare le introiezioni occorre prima distruggerla (Giusti, Montanari, Montanarella 1995)[9].

---

[8] In Spalletta E., Germano F., (2006)

1.4.4.3 Il confine di contatto.

Secondo la concezione della *Psicoterapia della Gestalt* nessun individuo è separato dal "campo ambientale" in cui è inserito e di cui è parte. Infatti il "campo totale" comprende sia l'organismo che l'ambiente, esso è costituito da due elementi che apparentemente sembrano separati, ma che in realtà esistono in uno stato di reciproca interdipendenza. Il comportamento dell'essere umano è considerato come funzione del campo totale, ed è influenzato dalla natura di tale rapporto. Nello specifico la *Psicoterapia della Gestalt* studia "come" funziona l'essere umano nel suo ambiente e cosa accade al confine del contatto tra i due elementi, dove hanno luogo gli eventi psicologici. Le modalità di contatto o di resistenza al contatto con l'ambiente, il "come" il soggetto affronta e sperimenta questi eventi di confine, dà origine a emozioni, pensieri, azioni, e pattern comportamentali.

Il contatto con l'ambiente è basilare per il cambiamento e la crescita dell'individuo che ivi incontra le persone e vive le esperienze con cui soddisfare i propri bisogni, in un processo di relazione reciproca. In tale processo, il punto di incontro tra organismo e ambiente viene definito *confine di contatto*. Ma il confine di contatto è anche tra le parti separate all'interno dell'individuo (*ibidem*). Solamente la permeabilità di questo confine assicura un pieno contatto con il Sé e gli altri e anche una maggiore chiarezza nell'assimilare nel Sé le esperienze positive respingendo quelle negative. L'intervento gestaltico si svolge al confine-contatto tra il *cliente* e il suo ambiente, in particolare il suo terapeuta: è lì che si possono individuare le disfunzioni del contatto e del ciclo normale di soddisfazione dei bisogni, o le resistenze (Ginger 1990)[10].

---

[9] In Spalletta E., Germano F., (2006)

[10] In Spalletta E., Germano F., (2006)

1.4.4.4 Il ciclo del contatto.

Il processo di interazione organismo/ambiente, sebbene fenomenologicamente appaia fluido e continuo, è caratterizzato da alcuni elementi basilari che formano una "sequenza di contatto". Sviluppato da Goodman[11] nella sua teoria del Sé, il ciclo di contatto è uno dei caposaldi della teoria gestaltica e prevede la suddivisione di qualsiasi azione in quattro fasi: pre-contatto, avvio di contatto, contatto pieno, post-contatto. Il "ciclo di contatto" o "ciclo dell'esperienza" può essere considerato una mappa generica di ogni episodio di contatto, una rappresentazione della sequenza di percezione e comportamento volta al completamento di una figura di interesse nell'interazione organismo/ambiente.

Il *pre-contatto* è la fase in cui si presta attenzione alle sensazioni, agli stimoli interni o esterni e si inizia a consapevolizzare il bisogno, prendendo coscienza di sé nel momento presente, rivolgendo l'attenzione all'insieme del proprio sentito corporeo interno e ambientale. La sensazione è l'ingrediente base dell'esperienza, lo sfondo dal quale partiamo per organizzare il nostro funzionamento. Attraverso la combinazione delle sensazioni, l'astrazione del loro significato in termini di bisogno, e l'integrazione dell'esperienza in un'unità significativa in relazione con l'ambiente avviene la formazione della figura o Gestalt.

L'*avvio di contatto* è la fase in cui si mobilita l'energia necessaria e la motivazione che spingerà all'azione. C'è una decisione responsabile di azione verso l'ambiente (*orientamento*): l'organismo può mobilizzare il flusso di energia o di interesse in modo da prepararsi all'azione.

Il *contatto pieno* in cui avviene la completa "masticazione" dell'esperienza che modifica la realtà verso un cambiamento e un senso di compimento: il comportamento o movimento che porta al contatto con i propri bisogni corporei e al loro soddisfacimento, favoriscono il completamento della figura.

Il *post-contatto* è la fase finale di elaborazione dell'esperienza con la sua assimilazione ed integrazione del contatto con l'ambiente che ha contribuito a far crescere e arricchire. Ora può aver luogo il *ritiro* dal

[11] Paul Goodman, scrittore e psicoterapeuta statunitense

contatto e quindi il dissolversi di quella figura nello sfondo. Si genera così il cosiddetto "vuoto fertile" ovvero quello spazio di disponibilità ad una nuova figura proveniente dallo sfondo.

Questa sorta di "punteggiatura" del processo di contatto con l'ambiente è stata poi rielaborata da altri autori e nel caso di Katzeff[12] suddivisa in sette fasi del ciclo del contatto: sensazione, presa di coscienza, energizzazione, azione, contatto, compimento, ritiro.

In ogni caso, queste fasi del ciclo non sono così separate e definite come possono apparire, anzi in alcune fasi si possono incontrare elementi e aspetti di altre. Ci sono situazioni in cui il flusso che porta dalla formazione della figura al completamento di questa nell'ambiente non può essere così scorrevole. Alcuni ambienti possono non sostenere il soddisfacimento di certi bisogni, in quanto sprovvisti delle risorse sufficienti, oppure il comportamento che corrisponde a quel bisogno può evocare una reazione ostile. Per questo motivo a volte si fa necessario rimandare l'adempimento dei bisogni e interrompere alcuni cicli di esperienza per far sì che il ritmo e la forma di contatto si adattino alla circostanze mutevoli del mondo e del nostro organismo. Nella *Psicoterapia della Gestalt* la capacità di interrompere temporaneamente il processo di contatto viene considerata utile e sana, quale adattamento creativo alle vicissitudini dell'esperienza e dell'ambiente. Tuttavia la difficoltà sorge quando il ciclo di contatto viene interrotto abitualmente, in maniera inconsapevole, così che i nostri bisogni non riescono a trovare risoluzione, e questa incompletezza si manifesta come disturbo e malattia.

---

[12] In Ginger S., (2005)

1.4.4.5 Le resistenze al contatto.

Sono meccanismi che si attivano al confine-contatto. Quando sono di tipo inconsapevole e impediscono alla persona di "nutrirsi senza avvelenarsi" si chiamano resistenze al contatto. Al contrario, se tali transazioni sono consapevoli, permettono alla persona l'assimilazione all'ambiente, incorporando ciò che la "nutre" e respingendo ciò che è "tossico"; in questo caso si parla di adattamento al contatto. Infatti, Ginger scrive: <<in Gestalt il termine resistenza è utilizzato con un senso differente dalla psicanalisi (in cui indica una resistenza inconscia al trattamento) e non ha una connotazione negativa. Notiamo di sfuggita per analogia, che è la resistenza elettrica che trasforma la corrente in luce o calore; è la resistenza dei materiali che permette al ponte di svolgere il suo ruolo, ed è ancora la Resistenza che ha permesso di salvaguardare la nostra identità nazionale>> (Ginger 2005, 138).

Queste le denominazioni dei diversi autori:

- Meccanismi nevrotici o disturbi nevrotici al confine-contatto (Perls).
- Perdite della funzione Io (Goodman).
- Difese dell'Io (André Jaques).
- Resistenze (Polster).
- Difese del Sé o interferenze nella consapevolezza (Latner).
- Interruzioni nel ciclo di contatto (Zinker).
- Meccanismi nevrotici di evitamento (Marie Petit).

Nella maggior parte dei casi sono una sana reazione di adattamento, ma diventano comportamenti nevrotici se mantenuti a lungo in contesti inappropriati. Meccanismi sani o patologici a seconda del contesto, della durata, dell'opportunità, del momento, della flessibilità, della intensità in cui si attivano.

Le utilizziamo quando entriamo in una relazione e quando si generano sono la migliore risposta all'ambiente circostante; quando una situazione ci sembra "pericolosa", si generano precocemente e nel momento in cui si genera è funzionale alla nostra sopravvivenza; quando reagiamo in modo "spontaneo" anche se si tratta di capire se ne siamo consapevoli o meno. Quando non ne abbiamo più bisogno diventano un nostro limite.

Se la persona "funziona bene" la consapevolezza conduce all'azione, altrimenti può verificarsi un blocco nell'azione che porta al contatto e alla soddisfazione del bisogno. Il mancato completamento del bisogno implica il presentarsi ripetitivo della situazione stessa in luoghi e tempi successivi. Le interruzioni o perturbazioni nel normale svolgimento del ciclo spesso sono definite come "resistenze" o meccanismi di interruzione del contatto.

La *Gestalt* non tende ad attaccare, vincere o superare le resistenze al contatto ma a renderle più coscienti, più adatte al contesto; tende ad evidenziarle e a renderle più esplicite.

La *Gestalt* può aiutare a scoprirle ed utilizzarle al meglio, per affinare il contatto e non per ostacolarlo o subirlo o interromperlo. Per essere consapevoli della nostra modalità di comunicazione e controllarla. Per riconoscere quella dell'altro ed accoglierla.

Introiezione.

<<Tutto ciò che ho mandato giù senza averlo ben masticato e digerito>>

È l'assunzione passiva di ciò che l'ambiente propone, senza saper/poter scegliere. Il lattante che, ancora privo di denti, succhia pacificamente il latte dalla madre.

La persona manifesta valori, idee e comportamenti assunti passivamente nel passato dall'ambiente, ma che soddisfano i propri bisogni attuali. Abitudini, ideali, tendenze, opinioni imposti dall'esterno e che determinano momenti in cui l'IO è poco spontaneo.

Le introiezioni sane sono utili a vivere insieme agli altri, nei gruppi, nella società. Quelle non sane impediscono il manifestarsi del Sé e, ad esempio, impedendo di essere assertivi o, anche, generando sensi di colpa.

Esempi di introiezioni *sane*: <<Non urlare nelle orecchie delle persone, quando parli.>>, <<Rispetta le cose altrui.>>, <<Bisogna

arrivare puntuali agli appuntamenti.>>, <<A volte bisogna mettersi nei panni degli altri.>>

Esempi di introiezioni *non sane*: <<Sta zitto quando parla tuo padre, ascoltalo e fa come dice lui.>>, <<Non toccarti! Ché a toccarsi si diventa ciechi!>>, <<Chi vorrebbe essere amico con te, che sei così brutta?>>, <<Non mangiare in quel modo…non parlare troppo… non dovresti sentirti così>>, <<Non vestirti in quel modo, cosa penseranno gli altri?>>.

⇨Individuazione ed interventi del *counselor*. La persona, generalmente, è incongruente e usa forme impersonali come bisogna, è necessario, è opportuno, si deve, ecc. Il *counselor* stimola la persona al contatto con i propri bisogni e alla differenziazione dalle norme esterne, del riconoscimento dei «devo», invita a sostituire alle forme impersonali il pronome «io».

Proiezione.

Le proiezioni consistono nell'attribuire agli altri ciò che riguarda noi. A volte, senza saperlo, attribuiamo agli altri nostri stati d'animo, paure, desideri. La persona attribuisce ad altri propri sentimenti, comportamenti e idee senza averli verificati. Una proiezione sana ci permette di comprendere l'altro, di prevederne i comportamenti, di influire positivamente sugli altri.

Esempi di proiezioni *sane*: <<Ora gli regalo un manuale di counseling e so che ne sarà felice.>>, <<Le mie proiezioni mi incoraggiano a scrivere questo libro, immaginando quello che il lettore penserà leggendo queste pagine.>>

Esempi di proiezioni *non sane*: <<Tu stasera hai l'aria nervosa.>> (se nasconde una mia contrarietà), <<Sono sicura che stai per dire che stasera non vuoi uscire.>> (se sono io a non averne voglia), <<La gente si lamenta in continuazione, è un continuo, nessuno fa nulla e tutti si lamentano, è pazzesco, solo accuse e lamentele>>.

⇨Individuazione ed interventi del *counselor*. La persona spesso usa la "lettura della mente". E' centrata su quello che gli altri fanno, pensano dicono, ecc. Il *counselor* può stimolare la riappropriazione delle parti proiettate attraverso le riformulazioni e domande (<<come fai a sapere che stasera sono nervoso?>>).

Confluenza.

È uno stato di non contatto, è una fusione per assenza di confine-contatto. Il Sé non può essere identificato. Il bambino è in naturale confluenza con la mamma (simbiosi). L'innamorata con l'innamorato. L'adulto con la comunità, con il gruppo, con i tifosi, con il partito, ecc. Quando è sana, è seguita dal ritiro, cioè il soggetto riconquista il suo confine-contatto, ritrova la sua identità. Altrimenti, a persona non riesce a completare il ciclo e iniziarne un altro, separando il suo sé dall'oggetto del contatto e quindi vive uno stato di desensibilizzazione del sé e di indefinitezza dei confini del sé.

Esempi di confluenza *sana*: <<La mia confluenza mi permette di prendere l'accento americano al mio inglese, quando vado in Florida.>>, <<La mia confluenza mi permette di andare via per ultimo se sono invitato da amici così che li aiuto a mettere in ordine a fine pasto>>, <<Quando – noi volontari - prepariamo il campo per ospitare i terremotati, non sentiamo la fatica del compito e del lavoro che ci spetta.>>. Certe "zone" della vita in comune suppongono che si rinunci "volontariamente e provvisoriamente" a parte della propria libertà individuale. Le orchestre, gli sport di squadra, l'empatia possono essere visti come manifestazioni di confluenza adattiva.

Esempi di confluenza *non sana*: <<Devo sentire il mio compagno… a me e il mio compagno non piacciono i viaggi …noi ci diciamo tutto… i suoi amici sono i miei amici… quel che mio è suo …>>, <<Noi non possiamo uscire con ragazzi di un'altra religione.>>, <<Senza di lei, io non esisto.>>, <<Un soldato è un soldato per sempre, ecco perché mi comporto così.>>, <<Non mi lasciare… Non mi abbandonare… Tienimi sempre con te…>>.

⇨Individuazione e interventi del *counselor*. La persona non si definisce, non distingue i propri bisogni. Compiace sempre. Usa il pronome "noi". Il *counselor* stimola il *cliente* a sentire e focalizzare i propri bisogni (chiede: "cosa senti ora?"; "cosa vuoi fare ora?"), differenziandosi dall'altro.

Invita a manifestarsi in forma di richieste e a negoziare con l'ambiente, a dichiarare le proprie preferenze personali.

Di seguito, nella cosiddetta "poesia della Gestalt", la *denuncia* della confluenza di Perls:

<<*Io sono la mia vita e tu la tua*

Io non sono in questo mondo per rispondere alle tue aspettative

e tu non sei in questo mondo per rispondere alle mie

Tu sei tu e io sono io

e se per caso ci incontriamo allora è splendido

altrimenti non ci possiamo fare niente>>

Deflessione.

Consente di evitare il contatto diretto. Si tratta di un comportamento di evitamento, di fuga. Deviazione del desiderio e del bisogno. La persona non investe sufficiente energia oppure la investe senza focalizzarla, con il risultato di non raggiungere lo scopo desiderato. La persona non giunge mai al dunque, gira intorno al problema, parla molto, sembra un buon comunicatore, ma alla fine non si arriva a nessuna soluzione; in realtà mette sempre più distanza dal punto di arrivo.

Esempi di deflessione *sana*: <<Le mie deflessioni mi permettono di mantenere la mia gioia e il buon umore anche dopo aver visto…il telegiornale.>> Un genitore che per distrarre dal dolore o dalla vista del sangue il bambino, inizia a parlargli molto e spostando l'attenzione su particolari che attraggono il bimbo. <<Per evitare di affrontare una rissa, esco dal bar perché mi sono improvvisamente «ricordato» di aver parcheggiato in zona rimozione!>>.

Esempi di deflessione *non sana*: <<Se ti voglio sposare? Ma cosa intendi per matrimonio? Cioè, cos'è lo sposalizio? Come condiziona una

relazione un protocollo, laico o religioso, che stabilisce una connessione fra due persone che oggi sono consenzienti, e che…bla bla bla…>>, <<Tutte le cose che vorrei dire al mio capo le sfogo guidando come un pazzo oppure gridando contro i miei bambini senza una vera ragione>>.

⇨Individuazione e interventi del *counselor*. La persona parla girando intorno alle cose, non è diretta, si distrae, usa circonlocuzioni, linguaggio ridondante o stereotipato, è astratta, non viene mai al dunque. Il *counselor* fa verificare la sproporzione fra l'energia impiegata e l'obiettivo da raggiungere, stimolando: dialogo diretto, attenzione a sé e all'altro, focalizzazione, ecc.

Retroflessione.

Le retroflessioni sono bisogni, emozioni e istinti non espressi e trattenuti. L'energia è rivolta su sé stessi, a volte contro sé stessi. La persona fa a sé stessa quello che vorrebbe fare ad altri, oppure fa a sé ciò che vorrebbe che gli altri facessero a lei. Produce una scissione (separazione) tra una parte che vuole qualcosa e una parte che mantiene un ferreo controllo.

Esempi di retroflessione *sana*: <<Stringo i denti e aspetto che mi passi l'indignazione di fronte al passaggio di questi manifestanti estremisti.>>, <<Va be' fammi star zitto, oggi il capo ha la luna storta.>>, <<OK oggi niente coccole. Me le faccio da solo con un bel bagno caldo, un bacio perugina e un calice di spumante.>>

Esempi di retroflessione *non sana*: <<Sono mesi che stringo i denti di fronte ai suoi comportamenti irrispettosi e sto somatizzando.>>, <<Allora sai una cosa? Adesso faccio tutto io, tutto da me!>>, <<Quando sto a casa dai miei mi vengono i crampi allo stomaco, mi mordo le labbra e inizio a bere di brutto.>>, <<Anziché perder tempo con quelle, mi masturbo>>.

⇨Individuazione e interventi del *counselor*. La persona spesso dice <<Sono arrabbiato con me>>, si morde le labbra, si fa del male, si accarezza, si autostimola, ecc. Il *counselor* stimola a mobilizzare verso l'altro l'energia rivolta verso una parte di sé, attraverso il dialogo delle parti; stimola a chiedere agli altri di soddisfare i propri bisogni, anziché continuare ad autogratificarsi. Stimola a consapevolizzare il comportamento di retroflessione (= verso se stesso), redirezionare il comportamento di retroflessione verso l'esterno (es. contro un cuscino).

Altre resistenze sono l'*egotismo* (in opposizione alla *confluenza*, quando due persone dovrebbero fondersi e se lo impediscono, il soggetto si ritira in sé, con la conseguente chiusura al mondo e l'impermeabilità alle altre persone), la *proflessione* (associa la *proiezione* con la *retroflessione* e consiste nel fare all'altro qualcosa che si vorrebbe fossa fatta a se stessi), l'*invalidazione* (o *devalorizzazione).*

1.4.4.6 La responsabilità dell'individuo

Altro concetto legato alle "faccende incompiute" è l'*evitamento*, cioè i mezzi che l'individuo usa per non confrontarsi con le situazioni non finite e con i sentimenti ad esse associate. Le persone preferiscono evitare di sperimentare emozioni dolorose, ed evitano così di esporsi ai necessari rischi per cambiare, bloccando il proprio processo di crescita, le situazioni in sospeso possono altresì indurre le persone a vivere nelle fantasie del futuro, evitando, anche in questo modo, di affrontare i problemi presenti (Perls, 1971)[13].

Perls attribuisce molta importanza alla *responsabilità* di ciascuno e la sua terapia ha come obbiettivo l'autosupporto, l'autonomia della condotta e delle decisioni. Perls ed i suoi contemporanei condannano la formula "non posso", proponendo di sostituirla con "non voglio" sottolineando la responsabilità di ciascuno nel proprio comportamento.

Vale, cioè, la teoria di Sartre secondo la quale non è importante ciò che si fa di noi, ma ciò che noi stessi facciamo di ciò che si fa di noi: ciascun

---

[13] In Spalletta E., Germano F., (2006)

individuo deve creare attivamente la propria vita, piuttosto che reagire passivamente ad essa, pensando e parlando solamente. Le persone possono agire efficacemente sui loro problemi solo se sono pienamente coscienti di quello che sta accadendo.

1.4.4.7 Il potere del Qui e Ora e l'attenzione al processo.

La *Psicoterapia della Gestalt* è una terapia del *qui e ora*, in cui è posto l'accento sul presente come segmento espressivo della totalità dell'esperienza, come il luogo in cui si incrociano le tensioni verso il futuro e gli influssi del passato. Si tratta di un approccio sperimentale, piuttosto che verbale o interpretativo, attraverso il quale il *cliente* può apprendere come vivere con consapevolezza nel presente. All'interpretazione psicoanalitica e alla ricerca del "perché", la *Gestalt* sostituisce il "come", prendendo in considerazione soprattutto il processo e la forma. Questo può portare all'*insight* che consiste nell'improvvisa illuminazione che permette di risolvere un problema pratico o teorico senza ricorrere al procedimento "per prove ed errori".

Egli può imparare a rivolgere la sua attenzione a ciò che fa, sperimenta o sente nel presente, nel *qui e ora*, diventando gradualmente consapevole dei suoi gesti, della sua respirazione, delle sua emozioni, della sua voce, delle sue espressioni facciali, o dei suoi pensieri pressanti. Le interpretazioni, le razionalizzazioni, il parlare attorno alle cose o qualsiasi tipo di spiegazione simbolica o intellettuale non influenzano i sentimenti e le emozioni del paziente.

Infatti per chiudere definitivamente con i problemi passati non basta ricordarli semplicemente, ma ci si deve ritornare "psicodrammaticamente", e questo è possibile farlo solo nel presente. Solo nel presente i sistemi sensorio e motorio dell'individuo possono funzionare, ed è solo nel presente che la consapevolezza e l'esperienza possono avere luogo. La *Psicoterapia della Gestalt* riconosce l'azione del ricordare e del programmare come funzioni del presente, anche se si riferiscono al passato e al futuro. Tuttavia bisogna distinguere un interesse per il passato e per il futuro, che è fondamentale per il funzionamento psicologico, da un comportamento "come se si fosse realmente nel passato o nel futuro".

Il *counselor* esattamente come il suo *cliente* è attento e vigile prima di tutto sui rischi della relazione che si svolge nel "qui ed ora": Perls amava porre 4 domande fondamentali centrate sul *processo* in corso e sul momento presente:

Cosa senti? Cosa vuoi fare ora? Cosa cerchi di evitare? Cosa ti aspetti da me?

1.4.4.8 Le polarità complementari e l'implicazione emozionale e corporea.

Perls afferma che la *Gestalt* si configura sempre in modo tale che soltanto una figura, un solo oggetto, può venire in primo piano e che non appena due opposti o due figure diverse vogliono assumere la direzione di questo organismo ne rimaniamo confusi. E se questi opposti non trovano la loro integrazione si arriva ben presto alla frammentazione, alla scissione della personalità (Giusti, Rosa 2002).

L'equilibrio di ogni essere vivente è una combinazione di meccanismi di sopravvivenza che assicurano il cambiamento nella continuità. Perls era affezionato al lavoro sulle polarità, noto anche come "tecnica del monogramma" con inversione dei ruoli, variante dello psicodramma di Moreno dove il *cliente* recita alternativamente differenti personaggi. Il mondo non è bipolare ma multipolare e nella realtà psicologica esistono un'infinità di contrari ad ogni situazione.

Il gioco delle polarità complementari può essere simbolizzato dalla cooperazione tra gli emisferi del nostro cervello. Oggi sappiamo che, contrariamente ad una idea molto diffusa, l'emisfero sinistro, analitico, razionale e verbale non è dominante ma è sotto il controllo dell'emisfero destro, sintetico, emozionale, immaginativo e non verbale. Fritz Perls aveva intuito ciò quando esortava alla rivoluzione: "Lose your head, come to your senses!" (Abbandona la testa, entra nei tuoi sensi). I nostri due emisferi sono complementari, come l'emozione e la ragione. Laura Perls, psicoterapeuta, musicista e danzatrice sottolineava che "il lavoro sul corpo è parte integrante della *Gestalt* (…) la *Gestalt* è una terapia olistica e prende in considerazione l'organismo nella sua totalità, e non semplicemente la voce, la parola, l'azione o qualunque altra cosa…". E non disdegnava il contatto fisico, toccava volentieri i suoi clienti e si lasciava toccare.

Il lavoro sul corpo è più semplice in una situazione di gruppo piuttosto che individualmente dove con facilità potrebbe risultare ambiguo. Naturalmente il professionista deve essere certo di poter controllare la sua implicazione e limitarla a ciò che può giovare al *cliente*. Il lavoro sul corpo è accettabile solo nel rispetto di una cornice deontologica rigorosa, pena uno slittamento pregiudizievole sia al lavoro del *cliente* che all'immagine sociale del professionista che a quella della *Gestalt* in generale.

1.4.4.9 Tecniche di Gestalt nel Counseling

Come già detto, le tecniche gestaltiche trovano ragion d'essere solo all'interno di un processo di consapevolezza e di crescita insito allo spirito dei principi gestaltici. Al punto da poter risultare inappropriate, se non dannose, allorquando non fossero inserite in una logica complessa e multilivello che si proponga di arrivare, attraverso un percorso piuttosto lungo, approfondito e non di rado doloroso, alla crescita e maturazione complessiva dell'individuo (Blomberg 1985; Fagan, Sheperd 1970; Glickauf, Reviere, Clance, Jones 1998)[14].

D'altro canto la sola consapevolezza da sola non basta, perché nei presupposti ideologici della *Psicologia della Gestalt* c'è l'idea che se non ci riconosciamo, se non cominciamo ad essere quello che realmente siamo, non possiamo considerarci vivi e trovare appagamento esistenziale più importante e significativo del semplice soddisfacimento dei bisogni particolari. E la "nostra singolare realtà" così come la consapevolezza e il senso di responsabilità, possono essere percepiti e fatti propri soltanto attraverso la sperimentazione (Giusti, Rosa 2002).

NON SI PUÒ ANDARE

da LÌ a LÌ

ma soltanto

da QUI a LÌ

o da ORA in POI

[14] In Giusti E., Rosa V., (2002)

Sperimentare è già di per sé terapeutico, è il momento in cui si può entrare in contatto con tutto quello che non conosciamo o che abbiamo evitato e che fa paura; è un particolare momento di addestramento all'esperienza, ad entrare in relazione con il fluire e quindi con il movimento dinamico dell'esistente dentro e fuori di noi (Marcus 1979)[15].

Le tecniche della *Gestalt*, allora, possono essere utilizzate in due modi, così da giungere alla sperimentazione e a realizzare l'esperienza correttiva riparativa. Il primo, quello delle tecniche *repressive*, riguarda lo *smettere di evitare* (e coprire l'esperienza); il secondo, quello delle tecniche *espressive*, il *far fluire l'energia sulla consapevolezza* attraverso l'ampliamento dell'attenzione su quanto avviene e l'esagerazione delle emozioni scoperte.

Le tecniche *gestaltiche* sono molto numerose e naturalmente ogni agevolatore utilizza quelle che integra in modo creativo nel proprio *setting* in funzione di ciò che egli è e sa, con quanto ha sperimentato, appreso, elaborato nella sua esistenza fino a quel momento. Di seguito, descriveremo sinteticamente alcune di queste tecniche.

La "*sedia vuota*" o "*sedia che scotta*" o "*sedia bollente*"

Il *cliente* seduto accanto al *counselor* ha di fronte a sé una sedia vuota. Su di essa può immaginarci seduto chi vuole, colui o colei con cui si sente di voler entrare in relazione. Il *cliente* verbalizza ciò che sente, vede e fa in quel momento (esercizio di consapevolezza nel qui ed ora). Questo per favorire un contatto, per altri versi impedito, ed una presa di consapevolezza del soggetto dei sentimenti e delle emozioni che lo legano al personaggio immaginario evocato e per chiudere *Gestalt* negative rimaste aperte.

15 (*ibidem*)

La *messa in atto corporea simbolica*

Consiste nell'inscenare con il corpo un'espressione, un sentimento, sia individualmente che con l'aiuto del gruppo di lavoro. La situazione di gruppo lascia ampio spazio a giochi ed esercizi corporei che possono riguardare l'intero gruppo, o un solo partecipante che in tal caso potrà utilizzare gli altri membri del gruppo nei modi più fantasiosi. Per esempio ognuno potrà trovare il posto migliore per sé nello spazio, realizzare una ***scultura di gruppo*** per rappresentare la sua situazione familiare, difendere il proprio territorio, sperimentare la sua fiducia negli altri lasciandosi ***cadere nelle loro braccia***, lasciar parlare il corpo attraverso i movimenti, cercare il proprio ritmo spontaneo, ecc. Inoltre, uno o più membri del gruppo possono essere usati per un ***corpo a corpo terapeutico*** aggressivo o tenero, in cui il contatto che spesso scatena profonde ed arcaiche reazioni emotive, può svolgersi in un ambiente contenitivo. L'***uso del cuscino*** è preferibile quando il corpo a corpo reale non consente facilmente di esprimere fino in fondo certi sentimenti.

La *comunicazione diretta*

In questo lavoro si è invitati dall'agevolatore a rivolgere direttamente la parola alla persona, presente o assente che sia, rispetto alla quale deve essere portata a compimento la situazione emersa, passando da una riflessione di ordine più intellettivo ad un avvicinamento più relazionale, soprattutto emozionale, in cui si stabiliscono i prodromi per un contatto più intimo tra l'*Io* e il *Tu*. Si tratta, insomma, di impedire di parlare indirettamente con qualcuno, per verificare quanto c'è di proiettivo in ciò che si sta dicendo dell'altro o all'altro, per potersi riappropriare del tutto o in parte le proprie proiezioni, evitando di "rimproverarle" alla persona alla quale sono state attribuite.

Il *monodramma*

Perché sia più chiaro il ruolo che sta rivestendo in un dato momento, la persona è invitata ogni volta a cambiare di posto e giocare di volta in volta diversi ruoli, a identificarsi con ognuno di loro, li interpreta e li fa parlare. Nel monodramma è facilitata la messa in scena dei vissuti che progressivamente emergono e quindi delle rappresentazioni interne soggettive e polarmente contrapposte che devono essere conosciute, dipanate e distinte per essere infine integrate.

Le *tecniche artistiche* e l'*espressione metaforica*

Al fine di facilitare il contatto con le proprie emozioni o illustrare l'espressione di sentimenti può risultare molto efficace ricorrere a tecniche espressive di carattere artistico, quali ad esempio il disegno, la pittura, la danza, la scultura, la composizione musicale, ecc., portando l'attenzione più sul processo che aspetti come la gradevolezza, bellezza, completezza, ecc. Si tratta di evitare, volutamente o meno, la verbalizzazione e la razionalità dando spazio al fluire della creatività dell'emisfero destro. Il prodotto artistico viene poi commentato dal *cliente* e/o dal gruppo con particolare attenzione al vissuto che suscita.

La *proiezione nel futuro*

È un'altra tecnica dello psicodramma di Moreno che ha l'obiettivo di aiutare il *cliente* a esprimere e chiarire i suoi propositi per il futuro. Viene anticipato un evento e agito nel momento presente. Una volta chiarite le speranze rispetto a una particolare situazione, il *cliente* si trova in una posizione vantaggiosa per fare gli specifici passi che lo renderanno capace di raggiungere il futuro desiderato.

1.4.4.10 Il counselor e la Gestalt nell'approccio integrato

Il *counselor* si impegna in una relazione che consenta ai clienti di sviluppare il proprio potenziale e l'autonomia personale per gestire al meglio le proprie risorse nella risoluzione dei problemi soggettivi e interpersonali (Spalletta, Germano 2006). Lavorare alle capacità del *cliente* di entrare in rapporto con sé stesso e con i propri bisogni e di farsene carico con responsabilità e consapevolezza. È questo che l'operatore integrato può fare con le idee, lo spirito e le tecniche della *Gestalt*: agevolare il *cliente* nel soddisfacimento dei suoi obiettivi sentiti come bisogno emergente, quando essi sono focalizzati nel qui e ora, definiti secondo un piano d'azione consapevole basato sull'esame della realtà.

Nell'esplorazione delle possibili interruzioni del ciclo di contatto, si possono far esplorare al *cliente*, come visto prima, le presenze di introiezioni, di messaggi genitoriali o di fantasie che limitano l'efficacia delle sue scelte e gli impediscono di sperimentare la pienezza di un contatto arricchente e nutriente con l'ambiente.

La sperimentazione delle tecniche gestaltiche consente di ricongiungere la persona al proprio sentire, sviluppando consapevolezza, assunzione di responsabilità e contatto con la propria esperienza nel qui ed ora, tramite quella semi-direttività che, in qualche modo anche Carkhuff, pur allievo di Rogers, presagisce con il suo approccio orientato all'azione e le tecniche aggiuntive alle tre disposizioni del suo maestro. È quel che il *counselor* fa deviando il focus del *cliente* quando fa i cosiddetti "intornismi" e "doverismi" o quando cerca di far dialogare le parti del Sé in conflitto e di assimilare eventuali proiezioni.

1.4.5 Altri approcci, teorie, integrazioni del Counseling: cenni.

1.5.4.1 I legami di attaccamento nel bambino, nell'adulto, nella coppia

Ogni *cliente* di un *counselor* manifesta in modo diverso la sua ricerca di conforto e aiuto anche in virtù di una sua personale strategia di attaccamento agli altri, quando questo comporti una maggiore o minore vicinanza fisica e psicologica all'interno di un nuovo contesto, che potrebbe essere percepito come una alterazione del suo equilibrio. Diventa pertanto importante per il *counselor* conoscere queste dinamiche che hanno le loro radici nei legami primari di attaccamento, sviluppatisi nell'infanzia. Tali legami vengono studiati a partire dalla teoria dell'attaccamento di John Bowlby (Spalletta, Germano 2006).

Secondo questa teoria, alla base di un sano sviluppo della personalità c'è la sicurezza che il bambino riesce a provare nel rapporto con la madre, in particolare la sua disponibilità a essere presente, protettiva e affettuosa quando il bambino si sente in pericolo o ha paura. Infatti, il comportamento di attaccamento si attiva quando il bambino prova dolore, fatica o paura. In quelle occasioni il bambino cerca il *caregiver*, la persona che si prende cura di lui, che rappresenta una ***base sicura*** che offre protezione e affetto. Se il bambino non riesce a percepire la madre come base sicura ingaggia comportamenti di protesta; se la madre non consola il bambino, questi prova una crescente disperazione; se continua a non avvenire, il bambino si distacca dalla madre.

Sono le emozioni che prova il bambino a determinare il comportamento di attaccamento: se la relazione è buona, c'è gioia e senso di sicurezza, la sensazione è quella di essere degno di amore, fiducia e che le proprie esigenze avranno ascolto; se la relazione è percepita come minacciata e c'è gelosia, angoscia e rabbia, o come interrotta e c'è dolore e angoscia, la sensazione è quella di non essere degno di amore e induce incapacità di esprimere le emozioni in modo adeguato, angoscia e senso di colpa per l'espressione dei propri sentimenti. Si parla allora di

attaccamento sicuro, nel primo caso, e ***attaccamento insicuro***, nel secondo.

Presente sin dalla nascita, il comportamento di attaccamento si inizia a stabilizzare verso la fine del primo anno di vita. Si vanno a formare anche degli schemi di rappresentazione del sé e della/e figure/e di attaccamento (o MOI: modelli operativi interni). Mary Ainsworth[16] ideò un uno strumento indispensabile nella psicologia dello sviluppo, la Strange Situation, da cui seguì che i tipi di risposta del bambino potevano essere classificati secondo questi *pattern di attaccamento*:

- *Attaccamento sicuro.* La madre è sensibile alle richieste e ai segnali di disagio del bambino. Il bambino percepisce sicurezza interna e fiducia. Mostra segni di disagio alla separazione, ma al ritorno della madre si lascia consolare.
- *Attaccamento insicuro-evitante.* La madre si dimostra insensibile ai segnali del bambino; tende a rifiutarlo sul piano del contatto fisico. Il bambino, che non ha fiducia in una risposta adeguata da parte della madre, sviluppa distacco ed evitamento del contatto che sfocia in eccesso di autonomia e indifferenza alla separazione.
- *Attaccamento insicuro di tipo ansioso-ambivalente.* La madre è imprevedibile nelle risposte, che risultano dettate più dai suoi bisogni che da quelli del bambino (intrusività). Il bambino rimane incerto rispetto alla disponibilità materna, non riesce a utilizzarla come base sicura e ne è assorbito completamente. Mostra forte disagio alla separazione ed è inconsolabile al ritorno della madre.
- *Attaccamento disorganizzato.* La madre è dominata da esperienze traumatiche irrisolte e non risponde alle richieste del bambino. Il bambino non dispone di strategie stabili, manifesta comportamenti contradditori, azioni mal dirette, stereotipate e asimmetriche, con congelamento, immobilità, disorientamento.

Le esperienze primarie vengono registrate dalla mente e immagazzinate nella memoria, ai cui ricordi non si può accedere ma tutto ciò condiziona e orienta profondamente la vita emotiva dell'adulto.

[16] Psicologa canadese, allieva di John Bowlby.

L'***attaccamento adulto***, quindi, potrà essere uguale o diverso, simmetrico o complementare, rispetto a quello infantile. La funzione della base sicura crescendo viene *trasferita* su altre figure, su coetanei, sul partner, ecc. (*ibidem*).

Tipologie di attaccamento infantile	**Tipologie di attaccamento adulto**
Evitante (Avoidant)	Distaccato-distanziante (Dismissing)
Sicuro	Libero-autonomo-sicuro (Free)
Ansioso ambivalente – resistente/coercitivo (Cohercitive)	Preoccupato-invischiato (Entangled)
Disorganizzato (Disorganized)	Irrisolto-confuso (Unresolved)

Distaccato-distanziante. Tentativo attivo di limitare/eliminare l'impatto delle esperienze, dei ricordi e delle relazioni di attaccamento nella vita attuale. Processi cognitivi di disattivazione e scollegamento del sistema dell'attaccamento dell'esperienza presente. Processi di esclusione e allontanamento dei contenuti emotivi dalla coscienza (per mezzo di: idealizzazione, annullamento delle memorie, svalutazione sprezzante delle esperienze e delle figure di attaccamento e significative dell'infanzia). L'informazione cognitiva dell'esperienza viene scissa dalla componente emotiva (memorie ippocampali e scarsa attivazione amigdalica). L'esperienza emotiva infantile è caratterizzata dal rifiuto/distanza (entità lieve, moderata o grave) dei bisogni affettivi del bambino (vicinanza, conforto, sostegno, protezione).

Attaccamento libero, autonomo, sicuro. Consapevolezza e organizzazione sensata e coerente dei dati di realtà, così come dei significati. Visione coerente, integrata (negli aspetti affettivi e cognitivi dell'esperienza) dei dati di realtà e dei significati attribuiti. Visione coerente della natura delle esperienze con le figure significative dell'infanzia e soprattutto degli effetti di tali esperienze sul mondo mentale nel presente. Riflessioni e ripensamenti costruttivi per ciò che riguarda i legami infantili. Modello positivo di sé e dell'altro, all'interno di una visione equilibrata del valore evolutivo (delle connessioni) delle esperienze passate e attuali.

Attaccamento preoccupato-invischiato. Il passato è rappresentato, pensato e narrato in modo poco coerente, connesso, organizzato per successioni temporo-spaziali. Le relazioni del passato continuano a condizionare lo stato della mente del momento attraverso il coinvolgimento e l'invischiamento. Il coinvolgimento emotivo nelle memorie impedisce una metabolizzazione obiettiva dell'esperienza passata (memorie amigdaliche e scarso immagazzinamento ippocampale). Il passato invade continuamente il presente. La componente affettiva dell'informazione contenuta nell'esperienza, risulta amplificata rispetto alla componente logica, cognitiva; questo implica un quadro di pensiero poco chiaro e coerente. Nella narrazione la componente cognitiva perde in consistenza e strutturazione: il discorso, l'eloquio, è intriso di elementi affettivi spesso sconnessi tra loro. Compaiono ripetutamente elementi non strettamente rilevanti per il tema trattato (narrazione "a grappolo" con cui la persona tende a perdere il filo conduttore). Il senso di identità risulta debole e confuso. I sentimenti più frequenti: rabbia (attiva, agita contro l'oggetto d'amore; passiva, che costringe l'altro ad occuparsi del partner debole e bisognoso).

Attaccamento irrisolto (rispetto a lutti e traumi). Eventi specifici relativi al passato possono avere rappresentato momenti di grave disorganizzazione dei legami dell'attaccamento. Si tratta di: lutti non risolti (nel passato e nel presente), abusi, traumi.

Attaccamento insicuro nella coppia adulta. Si esprime attraverso il vissuto dell'*ansia amorosa* (aspettative ambivalenti spingono alla ricerca di partner inconsistenti che confermano e rinforzano l'ansia affettiva della *ossessione amorosa* (ricerca di un partner attraente a cui pensare in un modo "divorante" idealizzato nel tentativo vano di arginare la paura della perdita) e del *distacco* (sfuggente a qualunque coinvolgimento sentimentale, hanno annullato la percezione stessa del desiderio: più facile dimenticare il desiderio, che soffrire per la perdita del soddisfacimento"). Le persone insicure nelle relazioni amorose sono pronte a sostenere di essere alla ricerca di accettazione affetto e amore incondizionato, mentre continuano a ripetere tipicamente modelli distruttivi e sperimentare il rifiuto e la lotta a volte disperata contro di esso. Perché i sentimenti negativi legati all'oggetto interno vengono proiettati sull'altro, cosicché la relazione è sofferta ma la sofferenza intrapsichica è minore; perché la lotta è il territorio conosciuto; perché si pensa che questo sia il modo per ottenere determinazione e padronanza.

Di seguito, gli elementi che definiscono la qualità del rapporto e modelli di attaccamento di coppia:

- SENSIBILITÀ RESPONSIVA (capacità di dare e ricevere aiuto/supporto): presente nei *sicuri*; presente negli *ansiosi-ambivalenti* in modo compulsivo, non possono fare a meno di occuparsi di...; richiedono molta cura; i *distaccati* possono offrire cura come compito da svolgere, non tollerando la dipendenza spingono comunque all'indipendenza e non chiedono.
- SEPARAZIONE (capacità di tollerare e accettare la percezione dell'essere "separato da ..."): spiacevole ma controllabile nei *sicuri*; intollerabile negli *ansiosi-ambivalenti*; non genera (apparentemente) reazione negli *distaccati*.
- FUSIONE (saper essere dentro e fuori lo spazio psicologico dell'altro): nei *sicuri* è presente la capacità di costruire spazi comuni e spazi autonomi; negli *ambivalenti* prevale il bisogno intenso di fusione (con-fusione), spaventati da questo bisogno alternano estrema vicinanza a estrema distanza; i *distaccati* non amano la fusione.
- GELOSIA (necessità di esercitare controllo sull'oggetto d'amore): elevata e intollerabile negli *ambivalenti*; assente nel *sicuro* per fiducia; assente nel *distaccato* per mancata implicazione emotiva.
- SICUREZZA (fiducia di sé e negli altri, stima di sé, aspettative positive): presente nei sicuri in modo realistico; presente negli distaccati ma in modo compulsivo e unito a sfiducia negli altri.
- SODDISFAZIONE EMOZIONALE (ricerca di gratificazione nell'espressione affettivo-emotiva).
- ASPETTATIVE (ricerca di soddisfazione realistica o irrealistica di aspettative).
- RELAZIONI SOCIALI (presenza di relazioni sociali fuori dalla coppia): presenti nei *sicuri*; limitate e conflittuali negli *ambivalenti*; distaccate e strumentali nei *distaccati*.

Il *counselor*, dunque, sa che esiste una relazione tra atteggiamenti affettivi dei genitori nei confronti dei figli, la qualità della relazione della coppia genitoriale, il clima emotivo familiare e l'insorgenza di attaccamenti sicuri o insicuri nei figli, che una relazione subisce momenti critici quando i partner abbiano stili di attaccamento troppo simili (si confondono) o troppo dissimili (non si riconoscono). Ne tiene conto, ad esempio, quando a chiamarlo è la mamma di un ragazzo che vorrebbe inviargli il figlio, quando osserva il nuovo *cliente* e il suo linguaggio non verbale al primo incontro, quando nel post contatto sta pianificando la modalità comunicativa per preparare il *cliente* alla chiusura, ecc. Nella relazione il *counselor* si pone come interlocutore autorevole, che non convalida il modello operativo interno che il *cliente* riporta nel *setting*, ma che ne fa uso per costruire una base sicura adatta al *cliente*, per avviare un'alleanza collaborativa efficace, per individuare una compatibilità ottimale *counselor*-cliente, per selezionare le strategie per una "giusta distanza" nella relazione di aiuto, il più possibile sintonizzate con lo stile del cliente, per conoscere le aspettative relazionali con cui il *cliente* si pone nella relazione. Attraverso l'esame della comunicazione a livello di contenuto e di processo si arriva ad individuare gli schemi di significato disfunzionali e a metterne in evidenza la pervasività; procede poi agevolando la loro sostituzione con schemi più funzionali (attraverso processi paradossali di distruzione e ricostruzione). Ciò attraverso:

- l'auto-osservazione (per individuare le ripetitività significative, per arrivare a realizzare che si tratta di idee personali più che di verità assolute);
- il collegamento con le circostanze o gli eventi in cui le idee si sono formate (si avvia la ricostruzione della storia di apprendimento);
- l'esplorazione di nuovi modi di costruire la realtà, sia attraverso la creatività che l'assimilazione (si arriva in questo modo all'individuazione delle alternative).

1.5.4.2 L'approccio psicodinamico

Il *counseling* svolto utilizzando come "linguaggio" quello psicoanalitico tende a focalizzarsi sulla ricerca di eventi passati che possono aver influito nel creare situazioni di disagio nel presente del *cliente* (Giusti, Taranto 2004). Ad esempio i *meccanismi di difesa e repressione* possono condizionare il suo attuale modo di "sopravvivere" alle difficoltà o di alleviare ansie e paure (Spalletta, Germano 2006):

Repressione. Consiste nel tenere lontano dalla coscienza pensieri e sentimenti inaccettabili e nella rimozione involontaria delle esperienze affettive traumatiche. L'individuo affronta conflitti emotivi e fonti di stress interne o esterne evitando volontariamente e temporaneamente di pensare a problemi, desideri, sentimenti o esperienze disturbanti. Questo può comportare l'esclusione dalla propria mente dei problemi fino al momento giusto per affrontarli. Si rimanda a un momento più opportuno e non genericamente in là nel tempo. La repressione può anche comportare che si eviti per il momento di pensare a qualcosa perché ciò distrarrebbe dall'impegnarsi in un'altra attività che bisogna svolgere (ad esempio, non insistere su problemi periferici al fine di affrontare un problema pressante). L'individuo può prontamente richiamare all'attenzione cosciente il materiale represso, poiché non lo ha dimenticato.

Negazione. L'individuo affronta conflitti emotivi e fonti di stress interne o esterne rifiutando di riconoscere qualche aspetto della realtà esterna o della propria esperienza che per gli altri sarebbe invece evidente. Nega attivamente che un sentimento, una reazione comportamentale o un'intenzione (riguardante il passato o il presente) sia stata o sia oggi presente, anche se la sua presenza è considerata più che probabile dall'osservatore.

Proiezione. L'individuo affronta conflitti emotivi e fonti di stress interne o esterne attribuendo erroneamente ad altri i propri sentimenti, impulsi o pensieri non riconosciuti. Rinnega i propri sentimenti, le proprie intenzioni, la propria esperienza attribuendoli agli altri, di solito a coloro dai quali si sente minacciato o che sente in qualche misura affini.

Sublimazione. L'individuo affronta conflitti emotivi e fonti interne o esterne di stress incanalando, più che inibendo, sentimenti o impulsi potenzialmente disadattivi in comportamenti socialmente accettabili. Questa difesa deve essere considerata presente soltanto quando può essere dimostrata una stretta relazione funzionale tra i sentimenti e il tipo di risposta.

Isolamento. L'individuo affronta conflitti emotivi e fonti di stress interne o esterne mostrandosi incapace di sperimentare contemporaneamente le componenti cognitive e quelle affettive di un'esperienza, in quanto l'affetto è escluso dalla coscienza. Nell'isolamento la persona perde contatto con i sentimenti associati a una data idea (ad esempio un evento traumatico), mentre rimane consapevole degli elementi cognitivi (ad esempio, dettagli descrittivi). Solo l'affetto è perso o separato, l'idea invece è conscia.

Gli autori a cui si fa maggiormente riferimento sono S. Freud, E. Erikson, M. Malher (orientamento psicoanalitico), A. Adler (teoria dell'individuazione) e E. Berne (analisi transazionale). Naturalmente, con questi approcci e, soprattutto, col psicoanalitico, il *counseling* rischia di essere inefficace per la necessità di lavorare sul presente ma con strumenti che, addirittura, rischiano di "giustificare" i disagi perché derivanti dal passato piuttosto che orientare alle risorse del presente per risolvere i problemi o raggiungere obiettivi futuri (Giusti, Taranto 2004).

1.5.4.3 L'approccio Cognitivo-Comportamentale

Il contributo al *counseling* di tale approccio è dovuto a C. Thoresen che ha modellato la teoria dell'apprendimento sociale di Albert Bandura. I concetti di questo pragmatico approccio sono l'*autogestione* e l'*autoefficacia*, centrati sulla capacità delle persone di riuscire ad adottare comportamenti adeguati rispetto all'ambiente sociale. Gli interventi sono diretti alla soluzione dei problemi piuttosto che al cambiamento delle caratteristiche personali (Giusti, Taranto 2004).

Questa teoria (*TCC*) è scientificamente fondata e validata da studi di efficacia. Centrata sul "qui ed ora": partendo dall'analisi della domanda e dalla situazione attuale della persona si lavora sulle problematiche del presente, cercando soluzioni e strategie per un miglioramento rapido ed immediato della sua qualità della vita. Attiva e collaborativa: il paziente, attraverso l'alleanza col terapeuta, gioca un ruolo fondamentale nel miglioramento delle proprie condizioni; impara abilità e strategie che gli consentono di modificare i propri pensieri e comportamenti nelle situazioni di disagio; si sente più consapevole di se stesso e padrone delle proprie risorse. Si propone, quando possibile, di risolvere i problemi nel breve periodo, gli obiettivi vengono stabiliti dalla persona insieme al terapeuta e monitorati costantemente all'interno del contratto terapeutico.

La tecnica *ABC* di Ellis e Beck è utile per aiutare a prendere coscienza di come si sviluppano i propri episodi emozionali, a partire da un evento che accade nel qui ed ora. È uno schema teorico utile per concettualizzare le variabili fondamentali connesse alla condotta dell'individuo, procedura tramite la quale può essere concretamente attuata una valutazione, una formulazione del caso, una sua pianificazione, ed un trattamento. La struttura logica connessa alla tecnica *ABC* è la seguente:

- **A** -Activating event- è l'esistenza di un fatto, identifica le condizioni antecedenti, gli stimoli, gli eventi, le situazioni.
- **B** -Belief system- indica il sistema di credenze, il pensiero, il ragionamento, le attività mentali che formano il Bagaglio o la Base cognitiva dell'individuo.

- **C** -Consequences- definisce le conseguenze di queste attività mentali ed identifica reazioni emotive e comportamentali che possono o meno essere appropriate.

L'aspetto centrale dell'interesse cognitivista per il funzionamento mentale riguarda la distinzione delle attività e dei processi cognitivi rappresentati e focalizzati dal sistema B. Classicamente sono prese in considerazione le seguenti attività psichiche: immagini, inferenze, valutazioni, assunzioni personali, schemi. Le immagini, attività sensoriali e mnestiche, sono prese in considerazione in quanto parte integrante delle rappresentazioni soggettive riguardanti la interpretazione di un dato evento. Esse riflettono direttamente il significato attribuito dal soggetto ad un dato evento e il contributo dei processi di elaborazione più automatici (regole, assunzioni personali, inferenze, pensieri). I pensieri sono ipotesi che attengono alla presenza o assenza di condizioni fattuali, cioè di eventi attesi nell'A. Alcuni sono elaborati in modo quasi-automatico, e quindi il soggetto non è immediatamente cosciente, tanto che Beck (1975) li ha definiti pensieri automatici, oppure possono essere predizioni su ciò che accadrà, sta accadendo o è accaduto; ad ogni evento il soggetto attribuisce delle caratteristiche e delle cause, ma tali attribuzioni sono guidate dalla propria base conoscitiva. A tutto questo segue un'emozione, C, derivante direttamente dal pensiero, e un comportamento che il soggetto mette in atto per far fronte a quanto ne consegue.

Altre tecniche sono: *bliblioterapia, role-playng, immaginazione razionale-emotiva, homeworks, rinforzo sociale,* ecc.

L'agevolatore integrato attraverso gli elementi della *TCC* può fornire ai suoi clienti degli strumenti per comprendersi e organizzare meglio la propria vita. Questo può avvenire attraverso la consapevolizzazione e l'eventuale modifica e sostituzione di alcune forme di pensiero negative e irrazionali con altre più efficienti e costruttive, la pianificazione e l'organizzazione per il raggiungimento di una meta stabilita attraverso la segmentazione del percorso in una serie di sottopassi. Il *cliente* deve essere fortemente motivato e avere fiducia nel *counselor* per seguire indicazioni precise e sistematiche tipiche di questo approccio. Trattandosi di un approccio fondamentalmente direttivo, la sua applicazione necessita di una consolidata alleanza di lavoro (Spalletta, Germano 2006).

1.5.4.4 L'approccio sistemico-relazionale-familiare

Secondo l'approccio sistemico-relazionale il disagio del singolo individuo è il risultato di un intersecarsi complesso tra esperienza soggettiva, qualità delle relazioni interpersonali più significative e capacità cognitive di autovalutazione della propria situazione. I concetti di base derivano dalla teoria dei sistemi e dalla cibernetica. Le teorie sistemiche partono dal presupposto che l'individuo può essere compreso se visto all'interno del suo sistema sociale, principalmente quello familiare: la famiglia, intesa come il sistema vivente di riferimento principale nell'esperienza emotiva di una persona, è il primo contesto esperienziale all'interno del quale i sintomi assumono una funzione precisa per il funzionamento relazionale del gruppo di persone che ne fanno parte.

Obiettivo del *counseling* sistemico è quello di focalizzarsi sul *come* sui processi che avvengono all'interno della famiglia, dei gruppi, dei sistemi e delle reti di sistemi. Il contesto di intervento è dunque il sistema relazionale e sociale in cui ogni singolo individuo è inserito (Giusti, Taranto 2004).

Bateson e i suoi colleghi di Palo Alto individuarono le caratteristiche di base di comunicazioni disfunzionali (doppio legame) ed arrivarono a definire la famiglia come un sistema dinamico di relazioni interdipendenti. Grandi contributi soprattutto alla relazione fra sistemi e comunicazione li diedero oltre che Bateson, Virginia Satir e Paul Watzlawick. Questi, come vedremo, sono fra i padri ispiratori della Programmazione Neurolinguistica.

1.5.4.5 L'approccio corporeo.

Si tratta di una teoria di riferimento e di tecniche specifiche che danno moltissima importanza al corpo ed alle sue manifestazioni. L'approccio psicocorporeo nasce agli inizi del '900 con il lavoro di G. Groddeck, il primo ad applicare un modello di intervento fondato sul principio dell'unità mente-corpo (Giusti, Taranto 2004). Introdusse i concetti di difesa corporea, comunicazione non verbale e dell'interazione madre-bambino nel bambino nel periodo pre-edipico. Nello stesso periodo Sandor Ferenczi, psicoanalista, notò che in alcuni momenti particolari della terapia, i pazienti presentavano movimenti e posture che assumevano dei significati comunicativi: ad esempio li interpretò come modi per non prendere contatto con associazioni o pensieri e, in tal caso, interveniva vietando certi comportamenti ai suoi pazienti al fine di liberare un'emozione e le idee represse collegate. Ferenczi come Groddeck sottolineava l'importanza del periodo pre-verbale del paziente e lì individuava il momento della formazione della patologia.

Intorno agli anni 30 Wilhelm Reich introdusse il concetto di "armatura caratteriale". Il carattere è modellato dalle tensioni e dai blocchi emotivi, ed è osservabile negli atteggiamenti posturali tipici di un individuo. Secondo la teoria di Reich, la corazza caratteriale si forma nei primi anni di vita come protezione da stimoli dolorosi (interni od esterni) e modella la postura, lo sguardo, il tono della voce, il ritmo delle parole alterando la funzione respiratoria e provocando una rigidità muscolare cronica. Reich creò una forma di intervento terapeutico che chiamò "vegetoterapia", finalizzata a far emergere e rendere consapevoli le emozioni rimosse ed i ricordi traumatici bloccati dalle corazze muscolari e da un funzionamento irregolare del sistema nervoso vegetativo (Piroli, Fiocca 2003). L'espressione emotiva globale è il contributo originale ed illuminante alla comprensione dell'individuo. La parola emozione (dal latino *e-moveo*, "muoversi da") significa movimento e quindi un movimento di scarica della propria espressività. Quando c'è una riduzione della propria espressività, c'è un disturbo nelle emozioni che non sono espresse, quindi il movimento di scarica è bloccato e l'energia ristagna o si riduce: l'individuo è scarico, immobile, sopravvive … La respirazione ed il movimento sono le due funzioni principali che influenzano la funzionalità del corpo attraverso i cambiamenti nel pensiero, nel comportamento e nei sentimenti: l'identità funzionale tra corpo e mente è alla base dei principi e delle pratiche dell'analisi bioenergetica di Alexander Lowen. Quando la respirazione ed il movimento, in alcuni individui che non vivono appieno la propria vita, sono compromesse da tensioni muscolari, queste possono diventare croniche se i conflitti interni si strutturano nel corpo. Solo attraverso la percezione e la sensazione di rigidità della propria auto-espressione, che avviene attraverso il respiro ed il movimento, le persone hanno consapevolezza delle limitazioni auto-imposte. La tensione muscolare cronica, a differenza delle normali tensioni di vita, tende a strutturarsi nel corpo come un modo di vita, di essere al mondo della persona. La tensione rappresenta un conflitto emotivo non risolto in cui un impulso (scarica), in cerca di espressione (movimento), incontra un ostacolo nella paura (corazza o blocco); tutto questo può portare ad una somatizzazione della tensione stessa con posture errate.

Alcuni aspetti della teoria loweniana, li ha elaborati e sviluppati l'americano Jack Painter, filosofo e psicologo, allievo di Fritz Perls e di Ida Rolf (ideatrice della "Integrazione Strutturale" o "Rolfing"), attraverso gli approcci corporei denominati "Integrazione Posturale", "Integrazione Energetica" e "Cuore-Pelvi". Queste tre tecniche, molto simili tra loro, fanno del respiro, il movimento, l'emozione ed il massaggio corporeo profondo i loro punti di forza. Nell'integrazione energetica il punto focale è il ciclo energetico della respirazione. Diversamente, nell'integrazione posturale, il massaggio dei spessi strati della fascia connettivale, la ri-apertura ed il ri-equilibrio del portamento, portano alla liberazione del respiro e dell'emozione contemporaneamente.

Painter riprende il concetto reichiano dell'armatura muscolare come disturbo al libero flusso di energia ed applicando l'importanza del "qui ed ora" gestaltico nell'elaborazione del conflitto, arriva al recupero della spontaneità e del movimento. Secondo Painter l'armatura caratteriale impedisce la fuoriuscita delle emozioni (impulso) che rimangono congelate (inespresse) all'interno del proprio corpo provocando il ristagno di energia (blocco energetico). Anche Painter pone l'accento sul concetto del principio di simultaneità del corpo-mente: sono assolutamente uniti, in pratica inseparabili e devono essere trattati allo stesso momento. Painter con l'Integrazione Posturale, attraverso il massaggio corporeo, la respirazione e la gestalt, lavora contemporaneamente sullo strato più esterno e su quello più interno dell'armatura caratteriale, liberando le tensioni muscolari croniche, riallineando e riorganizzando la struttura corporea. Un altro americano, George Downing, psicologo, fa divenire l'approccio corporeo, psicoterapia. Infatti la sua tecnica si chiama, come lui la definisce, "psicoterapia ad orientamento corporeo". Secondo Downing "il corpo è lo scenografo che prepara lo spazio scenico determinando il nostro modo di sentire, di pensare e di muoverci prima che si alzi il sipario". Il lavoro sul corpo facilita l'emergere di ricordi e di affetti dell'infanzia ed è la via più facile per accedere al passato pre-verbale del paziente, dove sono stati organizzati modelli corporei propri. Downing aggiunge anche le "convinzioni motorie" del bambino che, dove poco sviluppate, possono mettere in atto alcune difese corporee che utilizzano il corpo fisico al fine di proteggere l'organismo stesso e di cui ne descrive dieci diversi tipi.

1.5 IL COUNSELOR: DAGLI STRUMENTI DEL FARE ALLE ABILITÀ DELL'ESSERE.

Fra le finalità del *counseling* c'è quella di rendere maggiormente consapevole la persona delle proprie emozioni e sviluppare la capacità di gestirle stando nel "qui ed ora": non c'è attenzione sul passato, la consapevolezza delle proprie emozioni deve agire nel presente. Il *cliente* sarà artefice del cambiamento, va soltanto aiutato verso l'autoesplorazione e la consapevolezza, ponendo l'attenzione sul piano fenomenologico: andando verso il "io sento…, io voglio…"

Il *counselor* non possiede conoscenze o abilità "magiche", e non è in grado di sostituirsi al consultante e risolvere il problema al posto suo fornendogli soluzioni preconfezionate piuttosto, egli cerca di effettuare un "lavoro comune" mettendo le proprie conoscenze e abilità al servizio del consultante, che è il vero e proprio "primo attore" della relazione. Certo, utilizza con padronanza competenze tecniche comunicative e relazionali (agevola, offre appoggio, collaborazione alla persona in difficoltà) ma *in primis* riconosce all'altro il valore come soggetto e nutre profonda fiducia nelle proprie capacità. Esprime coinvolgimento, attenzione, riconoscimento empatico, mantenendo saldi i suoi confini. E adatta il proprio intervento alla specificità della persona colloquio di aiuto e altri generi di colloquio (confronto).

Il *counselor* sa che la mente di ciascuno di noi elabora tutto secondo il proprio vissuto (mappa) e, quindi, che la comunicazione è il prodotto del vissuto di una persona. Chi riceve la comunicazione utilizza a sua volta una sua mappa personale. È per questo che il *counselor* dovrebbe avere verso il *cliente* un atteggiamento di accoglienza che includa calore, positività, interesse e comprensione; accordargli valore e importanza, in quanto persona, rispetto in quanto distinto da sé. L'accettazione positiva comporta un atteggiamento spontaneo, positivo, senza riserve e di conseguenza è definita incondizionata, senza giudizio valutativo. Implica quindi l'accettazione di tutti i sentimenti espressi dal *cliente*: tanto quelli negativi, "cattivi", pieni di paura e di dolore, difensivi o anormali, quanto quelli "buoni", positivi, maturi, fiduciosi, sociali; implica l'accettazione non solo degli aspetti coerenti della personalità del *cliente*, ma anche dei suoi aspetti incoerenti. Significa quindi accettare il *cliente* nella sua globalità.

Per richiamare immediatamente certi principi che sottendono agli atteggiamenti che deve e quelli che non deve avere il *counselor* si può ricorrere a questi due acronimi: il V.I.S.S.I. da evitare e il C.U.O.R.E. da praticare.

v = valutare, i = interpretare, s = sostenere, s = soluzionare, i = indagare.

c = comprendere, u = uscire da sé, o = oggettivare, r = riformulare, e = empatizzare.

Si **valuta** quando, facendo riferimento a norme a o a valori, le risposte comportano un giudizio, vale a dire che esse implicano un'opinione etica personale sia di critica sia di approvazione. Si **interpreta** quando le risposte cercano un significato "altro" rispetto a ciò che viene detto dal *cliente*. Si **sostiene** quando le risposte mirano ad apportare incoraggiamento, consolazione e compensazione. Si **soluziona** quando le risposte tentano di trovare una via d'uscita immediata ad un problema e perciò si reagisce con l'azione ed incitando ad essa. Questo atteggiamento blocca il con-tatto con quanto viene provato, condizione fondamentale per attivare, poi, risorse. Si **indaga** quando c'è la smania di sapere di più e si orienta il discorso in ciò che sembra importante per noi.

Comprensione: si cerca di capire l'altro e le risposte riflettono il tentativo di entrare sinceramente nel problema così come esso è vissuto dall'interlocutore. **Uscire da sé**: inteso come decentramento da sé. Le risposte sono calibrate "mettendosi nei panni dell'altro". **Oggettivare**: le risposte sono orientate alla presa d'atto dei dati concreti e soggettivi del *cliente*, piuttosto che alle deduzioni. **Riformulare**: è la tecnica per eccellenza rogersiana. **Empatizzare**: si crea una condizione relazionale in cui si comunica emotivamente l'interesse per l'altro, la passione, l'affetto e la fiducia.

Molto spesso le persone non desiderano consigli. Vogliono invece essere ascoltate e comprese. È raro che le persone accettino consigli, specialmente quando pensano che non siano i consigli giusti. Se il consiglio si rivela sbagliato, la persona che lo ha accettato potrà abdicare alla responsabilità personale: dopo tutto, non era stata un'idea sua. È necessario che i clienti nel *counseling* sentano che le loro abilità ed esperienze siano ritenute e trattate come valide. Qualunque consiglio da parte di un *counselor* metterebbe in discussione questo principio basilare. L'equità è vitale nella relazione di *counseling*. Se vengono dati consigli il ruolo di esperto del *counselor* viene rinforzato e l'equità viene negata. Dare consigli può essere offensivo e intrusivo, specialmente quando la persona che li riceve è sconvolta e vulnerabile. Non ci sono due sole persone al mondo che abbiano la stessa esperienza di vita, quindi un consiglio si addice di più a chi lo fornisce che a chi lo riceve. I consigli tendono a considerare soltanto gli aspetti più superficiali di un problema, aggirando o ignorando le questioni più profonde che spesso sono quelle nodali. Dare consigli è un sistema di comunicazione a una sola via. Nel *counseling* il *cliente* dovrebbe essere coinvolto attivamente nell'intero processo. È difficile che i consigli aiutino i clienti a cambiare.

Forse la più grande sfida per un *counselor* non sta nel *saper fare*, nelle competenze. Qualità come empatia, autenticità, congruenza, onestà, rispetto per gli altri, competenza professionale, consapevolezza di sé, consapevolezza delle diversità culturali, autostima, interesse non giudicante per gli altri, creatività, senso dell'umorismo, flessibilità, capacità di godere della vita e delle relazioni personali sono cose talmente profonde e vaste che devono necessariamente passare per il *saper essere* del *counselor*.

1.5.1 Rogers e non solo: le disposizioni di base di un counselor.

"Mi sono reso conto chiaramente che non produce alcun frutto, a lungo andare, nei rapporti interpersonali, comportarsi come se si fosse diversi da come si è"

(Rogers 1994, 34)

Ogni incontro tra due persone che non è casuale diventa una relazione che significa un legame di particolare qualità in cui le persone sono connesse in modo che qualsiasi cosa uno farà non potrà non avere influenza sull'altro. La speciale relazione che si crea tra *counselor* (terapeuta) e *cliente* (paziente) si basa su una buona comunicazione tra i due e questo porta ad una buona comunicazione con se stessi.

Le disposizioni di base secondo Rogers consistono principalmente in presupposti, atteggiamenti e abilità considerate necessarie per mettere in atto interventi di *counseling* efficaci. La pratica rogersiana si configura come un'azione di facilitazione fondata sul rispetto della persona e sulla fiducia nelle sue possibilità; sull'interesse verso l'altro; sul mettere sullo sfondo la propria realtà. Come già detto, si tratta di *autenticità*, *accettazione incondizionata*, *comprensione empatica*; ma anche *concezione positiva dell'essere umano*, adeguata *conoscenza di se stesso*, *autoaccettazione*, *atteggiamento eterocentrico.*

In seguito, l'allievo Carkhuff, aggiunge altri presupposti:

- la *concretezza*, intesa come specificità, aver cura di appurare che quanto espresso abbia lo stesso significato per ognuno dei partecipanti alla relazione;
- l'*immediatezza*, cioè considerare la situazione momentanea;
- il *confronto*, per evidenziare le differenze tra come la persona vede se stessa e come viene vista dall'agevolatore per poter sostenere le possibilità di cambiamento.

Carkhuff crea un ponte fra l'approccio *insight*, che facilita la consapevolezza del *cliente* riguardo alla sua situazione personale e ai problemi da risolvere, e l'approccio *azione*, che rimarca l'importanza dei programmi d'azione che aiutano il *cliente* a gestire in maniera più efficace la sua esistenza (Calvo 2007).

Tutto ciò tecnicamente richiede specifiche capacità:

- formulare messaggi e risposte in modo empatico;
- praticare l'*ascolto attivo* anche attraverso l'utilizzo di specifiche tecniche;
- utilizzare le strategie e le tecniche di *riformulazione* per riflettere le emozioni dell'interlocutore e facilitare la progressiva chiarificazione dei contenuti della consulenza, cogliere i significati insiti nel linguaggio corporeo e nella prossemica, al fine di valutare le preferenze in tema di spazio interpersonale sia in relazione a sé che all'altro;
- *automonitorarsi* nella situazione;
- monitorare l'evoluzione della relazione nel qui ed ora del *setting* agito in base alle leggi e alle tecniche che regolano la dinamica del colloquio;
- condurre il colloquio prestando attenzione alle fasi di svolgimento e alle attenzioni richieste in ognuna di queste fasi.

Beninteso che l'accettazione incondizionata si riferisce alla capacità del *counselor* di accettare i pensieri e i sentimenti dell'altro senza condizionamenti o pregiudizi desunti dai propri modelli o schemi di riferimento (per questo motivo incondizionata), e senza sentire il bisogno di valutarli né di agire su essi con modalità ultra investigative, interrogando cioè ripetutamente l'altro e chiedendo continuamente informazioni aggiuntive o assidue precisazioni a riguardo di ciò che, almeno dal nostro punto di vista, egli avrebbe dovuto dire, fare o pensare. L'atteggiamento accettante, insieme a quello comprensivo-empatico, rientra dunque nella generale valorizzazione positiva dell'altro, dei suoi sentimenti, pensieri ed esperienze personali della totalità delle sue espressioni o manifestazioni (Nave 2009). Scriveva Rogers: <<L'accettazione incondizionata significa che io continuo ad assegnare un valore al più profondo nucleo della persona, a ciò che essa infondo è e può divenire. Il *cliente* deve avvertire che io rimango al suo fianco, che non lo abbandonerò nonostante le sue inquietanti fantasie, il suo comportamento antisociale o autodistruttivo o le eventuali difficoltà interne alla nostra relazione>> (Rogers 1994, 55).

Sinteticamente i criteri dell'**accettazione incondizionata** sono (Spalletta, Germano 2006):

- Essere dalla parte del *cliente.*
- Essere disponibile e capace.
- Considerare il *cliente* nella sua unicità.
- Riconoscere l'autodeterminazione del *cliente.*
- Accettare la buona volontà del *cliente.*
- Mantenere la riservatezza delle informazioni.

Essere congruenti significa comportarsi per ciò che realmente si è grazie ad una apertura ed una accettazione nei confronti, innanzitutto, della propria esistenza. Da qui la necessaria condizione di consapevolezza di sé e dei propri sentimenti, una buona capacità di autopercezione e successivamente l'esplicitazione e comunicazione agli altri di ciò che si sperimenta. L'autenticità comprende la comunicazione delle proprie imperfezioni e delle difficoltà che il professionista incontra, anche nello stesso essere autentico; ciò non sottintende però che il *counselor* dovrebbe comunicare indiscriminatamente ogni sua esperienza al *cliente*: l'autorivelazione deve essere compatibile con il lavoro e le finalità per cui si sta impegnando il *cliente.*

Criteri dell'**autenticità/congruenza**:

- Flessibilità.
- Spontaneità.
- Assertività.
- Evitamento delle resistenze.
- Consistenza.
- Apertura.

Mentre l'ascolto è l'aspetto più ricettivo delle abilità di un *counselor*, l'empatia è la parte più attiva con la quale comunica al *cliente* di aver compreso interamente l'elemento centrale del suo messaggio. Tale comunicazione avviene attraverso la restituzione dei contenuti e dei sentimenti espressi dal *cliente* e questo significa riflettere materiale facilmente riconoscibile senza contaminazioni o aggiunte da parte del professionista (Hargrove 1995)[17].

Criteri della **comprensione empatica**:

- Curiosità e motivazione a conoscere.
- Interesse genuino per l'altro.
- Attenzione al modo altrui di guardare la vita.
- Atteggiamento osservativo descrittivo.
- Prontezza e puntualità nei feedback.
- Fiducia nelle possibilità di autorealizzazione della persona.

Le situazioni problematiche devono essere specificate in termini di esperienze, comportamenti e sentimenti al fine di giungere ad una articolazione degli obiettivi sufficientemente chiara e concreta. I problemi espressi in modo vago e generico portano soltanto all'elaborazione di strategie e soluzioni vaghe che difficilmente vengono raggiunte e che comunque non vale la pena raggiungere. Inoltre, a volte le persone che hanno bisogno d'aiuto spendono una gran quantità di tempo a descrivere al facilitatore alcuni tratti del loro passato o futuro immaginato (Murgatroyd 2008).

Criteri di **concretezza e immediatezza**:

- Attenzione al dettaglio del linguaggio verbale e non verbale.
- Chiarificazione dei concetti.
- Domande che specificano i significati (Chi, Cosa, Dove, Quando, Come?).
- Richiamo al qui e ora.
- Focus sul contratto e gli obiettivi.
- Semplicità e chiarezza del linguaggio.

---

[17] In Spalletta E., Germano F., (2006)

1.5.2 La comunicazione.

> "*L'incapacità dell'uomo di comunicare è il risultato della sua incapacità di ascoltare davvero ciò che viene detto*" (C. Rogers)

Il termine comunicazione deriva dal latino *communicare*, che attraverso la terminazione *–atio*, che indica forme astratte di azione, determina la parola *communicatio* cioè partecipazione (letteralmente *messa in comune*). Non mancano influenze anche dal greco antico: il termine *koinomia*, infatti, designava il concetto di comunità e venne assorbito dal latino attraverso la parola *communio* e cioè *società/comunità*. L'aggettivo latino *communis* a sua volta è alla base del verbo *communicare* composto dunque dalla preposizione *cum* e dall'aggettivo *munis*, il cui iniziale significato era quello di "condivisione di una carica". Il valore fondamentale che sembra, dunque, aver accompagnato la voce *communis* sin dall'inizio è rintracciabile in una precisa idea di *reciprocità* (Giannatelli, Lever, Rivoltella, Zanacchi, 2001).

Tale *reciprocità*, come detto, sta nella pari dignità, nell'impegno e nella reciproca responsabilità del *counselor* e del *cliente*. Tuttavia, il *counseling* non è una discussione, né un'intervista, né un interrogatorio, né un discorso del *counselor*, né una confessione, né mira a una diagnosi. Avere piena consapevolezza della propria comunicazione e dei meccanismi di questa che condizionano relazioni, comportamenti, stati d'animo, ecc. è fondamentale, una *conditio sine qua non*. Ma siccome la comunicazione è un aspetto intrinsecamente connotato nella natura dell'uomo, spesso gli elementi che la regolano da un punto di vista qualitativo sfuggono alla mente cosciente. Questo, ad esempio, ha portato a ritenere che la comunicazione non avesse bisogno di essere insegnata. D'altro canto col tempo e le possibilità anche tecnologiche di comunicare, le regole che governano la comunicazione non si sono semplificate. Da qui l'urgenza e la necessità di sapere come usare il linguaggio per costruire, gestire, mantenere, far evolvere buone relazioni interpersonali: alla base di una relazione efficace c'è una comunicazione efficace (Binetti, Bruni 2003)[18].

Mentre la comunicazione che ha luogo nelle conversazioni quotidiane tende in genere a essere piuttosto superficiale, non strutturata e il più delle volte priva di un oggetto ben determinato, quella che avviene all'interno di una seduta di *counseling* ha come principale oggetto la persona assistita e i problemi che sta sperimentando nella propria vita. E dato che tali problemi, insieme ai sentimenti, alle paure e alle ansie che la preoccupano, possono rendere difficile esprimere tutto ciò che ella desidera comunicare unicamente per mezzo delle parole, il *counselor* deve non solo prestare un'attenzione globale nei riguardi di tutti gli aspetti della comunicazione del consultante ma anche sapere come reagire in modo da essere d'aiuto e infondere coraggio nell'altro. Ma sostegno e incoraggiamento non possono essere dati senza che il *counselor* sia in grado di capire ciò che il consultante desideri trasmettere, oltre che attraverso il linguaggio, anche con tutti gli altri aspetti dell'interazione verbale e non verbale (Nave 2009).

Inoltre, ogni persona ha un suo repertorio di modalità espressive ricorrenti, distinto da quello degli altri e collegato con la sua *mappa del mondo* (l'insieme delle esperienze di vita, dei propri valori, convinzioni e significati). Ognuno è diverso dagli altri perché ha diverse esperienze, memorie e percezioni (cioè il suo mondo interno), ma anche perché diverse sono le modalità con cui si muove, si esprime, gesticola, manifesta emozioni e sentimenti. Il *counselor*, con grande capacità di osservazione, coglie le sfumature espressive del *cliente* e reagisce ad esse in modo appropriato: osserva la respirazione, il ritmo cardiaco, i movimenti oculari, i micromovimenti di avvicinamento e allontanamento della testa, i segnali di apertura e chiusura, tono di voce e cadenza, ecc., modulando la sua comunicazione, sincronizzandola con i ritmi della persona e con i suoi segnali non verbali inconsci.

Per esistere, la comunicazione ha bisogno di un emittente e un ricevente che interagiscono, cioè scambiano messaggi, secondo un codice, in un certo contesto. Il comportamento comunicativo non ha il suo contrario: ogni comportamento, verbale o non verbale che sia è una comunicazione. La comunicazione è sempre un sistema circolare, nel quale il ricevente, comunicando verbalmente e non verbalmente il suo feedback su quanto appena ricevuto, diventa a sua volta emittente, e viceversa. La

---

[18] In Spalletta E., Germano F., (2006)

validità di una comunicazione si basa sulla percezione del ricevente, piuttosto che sulle intenzioni dell'emittente, ed è quindi importante monitorare se stessi continuamente, cogliendo i feedback dell'altro (Spalletta, Germano 2006).

Uno scambio comunicativo può essere considerato riuscito quando viene valutato tale dai diversi partecipanti all'interazione, da un punto di vista pragmatico. Per valutare il successo di un'interazione si fa riferimento al grado di soddisfazione intersoggettiva rilevabile attraverso il clima affettivo positivo, senza che lo scambio sia incrinato da emozioni e sentimenti difficili, come rabbia, diffidenza, ostilità, paura, ecc. (Cesari, Lusso 2005)[19]. Entrambi i soggetti si sentono a proprio agio nell'interazione e questo, empiricamente, conferma la validità dello scambio.

Può essere utile al *counselor* tenere presente le cosiddette *quattro regole della comunicazione*:

I. Regola della **qualità**: dire ciò che si ritiene vero, non dire ciò che si considera falso e tacere ciò di cui non si abbiano prove sufficienti.
II. Regola della **quantità**: dare informazioni necessarie e non più di quelle richieste dagli scopi del discorso.
III. Regola di **relazione**: fornire contributi pertinenti.
IV. Regola di **modo**: essere chiari e ordinati nell'esposizione, evitare contributi oscuri, ambigui e disordinati.

[19] In Spalletta Germano 2006

1.5.2.1 I livelli o canali della comunicazione.

La comunicazione avviene a diversi livelli: verbale (CV), paraverbale (CPV), non verbale (CNV). Il livello verbale è quello delle parole, della sintassi (costruzione della frase), della semantica (senso delle parole), della pragmatica (conseguenza della comunicazione verbale agita). Il livello paraverbale è definito dalle espressioni della voce: volume (intensità sonora), tono (intonazione, senso), timbro (colore del suono), ritmo (velocità, pause), risate, rumori, sospiri, ecc. Il livello non verbale è definito dai micromovimenti e macromovimenti del corpo: la postura (posizione eretta, tesa, protesa, distesa, rilassata), i movimenti degli arti, dei muscoli, l'andatura, la prossemica (uso dello spazio, orientamento e distanza, zona intima, zona personale, zona pubblica), lo sguardo (canale espressivo privilegiato delle emozioni), la mimica, la fisiognomica, le espressioni del volto, la gestualità, la respirazione, il colorito della pelle, ecc.

Una comunicazione ha più probabilità di essere efficace quanto più manifesta *congruenza* fra i diversi livelli. Viceversa un'incongruenza fra i livelli produce una sensazione sgradevole di poca affidabilità (Granata 2007).

Mentre la gestione del livello verbale (comunicazione logica, informazioni verbali, informazioni numeriche, …) è prevalentemente in capo alla parte cosciente e razionale del cervello (emisfero sinistro), quelli non verbali (comunicazione analogica, emozioni, CNV, simboli, …) sono prevalentemente in capo al cervello inconscio. La stessa percezione dei segnali paraverbali e non verbali avviene per lo più a livello inconsapevole ed è questo uno dei motivi per cui si usano espressioni del tipo <<Non so perché, ma quella persona non mi convince>> oppure <<Quella persona a pelle mi piace>>. Quando il messaggio verbale, dunque, risulta essere diverso o in contrasto con il "messaggio" non verbale, viene percepita un'incongruenza e il ricevente è portato a dare più valore ai messaggi dei livelli non verbali. Lo stesso avviene quando una persona sta parlando dei propri sentimenti, delle proprie emozioni o dei propri atteggiamenti (vedi gli studi dello psicologo statunitense Albert Mehrabian di cui è nota una ricerca che associa le percentuali del 7% al verbale, del 38% al paraverbale e del 55% al non verbale, quali pesi d'impatto sul percepito del riceventi, in determinati contesti e condizioni).

Il *counselor* sarà sensibile alla sua e alla congruenza del *cliente* proprio "ascoltando" tutti i livelli della comunicazione. Un *cliente* che stia descrivendo un episodio traumatico o infelice può riuscire a nascondere, per esempio, qualcuno dei sentimenti a esso associati, ma a un certo punto questi sentimenti sono destinati a interferire e alterare la descrizione che sta facendo, che se pur minimizzando razionalmente nella narrazione un sentimento di tristezza, può manifestarlo nella voce, nelle esitazioni, nei silenzi. A volte si verifica l'esatto contrario ed eventi felici vengono descritti in termini che non lasciano dubbi sul significato che hanno per il narratore che può, ad esempio, forzare una risata (Hough 1999).

Attraverso la CNV si esprimono:

- Emozioni: quelle fondamentali hanno caratteristiche comuni.
- Atteggiamenti interpersonali: finalità specifiche legate al comportamento sociale (es: dipendenza, affiliazione, dominanza, aggressività, ecc.). Sono più o meno le stesse degli animali, solo che nell'uomo si legano a bisogni che hanno lo scopo di migliorare la vita.
- Dati sulla personalità: i segnali inintenzionali (sesso, età, razza) assieme ai segnali intenzionali (abiti, ornamenti atteggiamenti) possono essere manipolati e strutturati in una sorta di presentazione di sé che rende l'idea di come un soggetto percepisce se stesso.

La **postura** di un *cliente* può comunicare molti atteggiamenti diversi in funzione della durata in cui viene mantenuta, la velocità con cui viene posta, la relazione con quel che si dice, ecc. Certe persone cercano di comunicare autorità o status sociale nel modo in cui stanno sedute o in piedi o, semplicemente, creano delle associazioni mentali a certe posture. Il *counselor*, allora, dovrebbe assicurarsi di disporre i **posti a sedere** in maniera equa, in questo senso le sedie devono essere della stessa altezza e dello stesso tipo e devono venire collocate correttamente l'una rispetto all'altra. Ciò significa che le due persone non dovrebbero trovarsi così vicine da sentirsi a disagio e che le sedie dovrebbero essere disposte in maniera leggermente angolata l'una rispetto all'altra, di modo che sia il *cliente* che il *counselor* abbiano di tanto in tanto l'opportunità di interrompere il contatto oculare. Oltretutto, le sedie poste l'una di fronte all'altra possono ricordare una situazione di colloquio formale (di lavoro, ad esempio) e mentre ciò può essere appropriato in un contesto di quel tipo, apparirà probabilmente troppo di confronto o intimidatorio per i clienti in *counseling*.

Il *counselor* deve avere una certa abilità nel gestire il **contatto oculare** misurandone una quantità equilibrata perché questa quantità dipende in parte dai bisogni individuali di ciascun *cliente*, nonché dalla risposta di ciascuno: se è troppo insistito tende a diventare snervante per molti, specialmente quando arriva ad assomigliare a uno sguardo fisso. In genere il contatto oculare indica interesse ed è collegato all'atto del prendere la parola nella conversazione. Nel corso di una conversazione siamo soliti guardare il nostro interlocutore negli occhi per la durata che va dal 25% al 75% del tempo totale e questo reciproco scambio di sguardi aiuta a mantenere viva l'attenzione. Nel *counseling* tuttavia questa alternanza nel prendere la parola nella conversazione può risultare leggermente alterata per il fatto che è il *cliente* a essere il destinatario della maggiore attenzione. Tale attenzione include infatti da parte del *counselor* l'ascoltare attentamente e quando si è nella posizione di ascoltatori si tende a guardare l'altra persona più di quanto si farebbe se si stesse semplicemente conversando con lei (Angyle 1990)[20].

Il **contatto fisico** è la modalità comunicativa che nella prassi del *counseling* risulta essere la più complessa da determinare (vedi anche quanto detto al punto 1.1.4.8 sull'approccio corporeo della *Gestalt*). Il contatto fisico può esserci, al solito, nella misura in cui è funzionale alla relazione e in funzione della durata, del momento, dell'autenticità e del contesto culturale, ciò perché, come si diceva anche per il contatto oculare, ogni *cliente* può recepirlo a suo modo in funzione della propria esperienza di vita. Il calore e l'autenticità del contatto fisico, certo, possono influenzare l'atteggiamento del *cliente* in maniera positiva, ma unicamente se ciò viene fatto a solo vantaggio del *cliente*. A volte, proprio attraverso il contatto fisico un *cliente* si può sentire "autorizzato" a esprimere forti sentimenti che sono stati a lungo inibiti o repressi.

I clienti che si presentano per un *counseling* sono a volte incuriositi, ansiosi, apprensivi a volte turbati o spaventati e si preoccuperanno, quindi,

---

[20] In Hough M., (1999)

di capire quanto il *counselor* sia disponibile, aperto e comprensivo, fin da subito, fin dal primo sguardo. Tali atteggiamenti di sostegno e assenza di giudizio possono essere scorti nel volto, nelle **espressioni facciali**. Pertanto, non è importante solo osservare il volto del *cliente* e "leggerlo" durante il colloquio ma anche essere coscienti delle proprie espressioni facciali. Analoghi ragionamenti si possono fare in merito alla **mimica**, in particolare quella delle mani. Molto importante, a tal proposito, è il contributo del *videocounselig* che, attraverso la possibilità di rivedere e approfondire colloqui di *counseling*, consente di valutare la rilevanza della CNV e cogliere aspetti e momenti altrimenti non osservabili.

Il **silenzio**, paradossalmente, può essere fonte straordinaria di messaggi nonché, allo stesso tempo, uno strumento formidabile per il *counselor*. È un elemento particolarmente significativo nella comunicazione del *cliente*, perché è spesso proprio durante questi momenti di silenzio, di pausa, che vengono fatte mentalmente importanti associazioni di idee. Anche la comprensione viene frequentemente raggiunta mentre il *cliente* si prende del tempo per riflettere in questa maniera. In questi momenti è di cruciale importanza che il *counselor* rispetti tale esigenza di silenzio. Il *counselor* dovrebbe inoltre essere preparato a "rimanere vicino" al *cliente* quando questi è in silenzio, e dovrebbe resistere alla tentazione di interromperlo per rassicurarlo oppure per fare delle osservazioni. Paradossalmente, il silenzio è spesso uno degli aspetti del messaggio complessivo che il *cliente* desidera comunicare, non solo al *counselor*, ma anche a se stesso (*ibidem*).

Uno "strumento" importante per il *counselor* tipico del livello paraverbale è l'utilizzo di vocalizzazioni che esprimono interesse per la storia e facilitano l'espressione, quali <<***si***…>>, <<***mmm***…***mmm***…>>, <<***e poi***…>>, <<***uhmm***>>, <<***ah ah***>>, ecc. ed emissioni gutturali e respiratorie. Lo scopo di queste tecniche è di fornire segnali di contatto, affinché l'interlocutore senta che il *counselor* è in ascolto, è presente e interessato.

Elementi di comunicazione non verbale CNV

ASPETTO ESTERIORE:	conformazione fisica (età, etnia, salute)
	abbigliamento

COMPORTAMENTO SPAZIALE: distanza interspaziale

orientazione

contatto corporeo

postura

COMPORTAMENTO CINETICO: movimenti di busto e gambe

gesti delle mani

movimenti del capo

VOLTO: sguardo e contatto visivo

espressioni del volto

SEGNALI VOCALI: verbali

non verbali (ehm, mmm…)

silenzio

Oltre ai canali della comunicazione le persone, pur disponendo degli stessi mezzi per parlare e ascoltare, possono usare in modo del tutto soggettivo altri canali: quelli sensoriali, soprattutto nella selezione delle informazioni in entrata detti *Canali Rappresentazionali* che insieme al tema dei movimenti oculari, saranno descritti nei capitoli sulla *Programmazione Neurolinguistica.*

1.5.2.2 L'ascolto attivo.

La storia del giudice saggio.

Furono portati di fronte ad un giudice saggio due litiganti. Il giudice ascolta il primo litigante con grande concentrazione e attenzione e gli dice "Hai ragione". Poi ascolta il secondo e "Hai ragione", dice anche a lui. Si alza uno del pubblico: Eccellenza, non possono aver ragione entrambi". Il giudice ci pensa sopra un attimo e poi, serafico "Hai ragione anche tu!"

"Ascoltare" deriva dalla parola *ascultare* che significa sentire con delicatezza e cura: aver cura dell'altro, cercare la verità dell'altro, essere disposti a scoprire che non siamo nel vero, ascoltare qualcuno diverso da noi, aprirsi all'altro come atto di fiducia.

L'ascolto è un processo a due vie: ascoltare e comunicare l'ascolto. Per questo si parla di *ascolto attivo*, perché è richiesta una certa *attività* al ricevente, quantomeno impegno e concentrazione. L'ascolto non può essere solamente passivo: la comprensione dell'altro richiede sollecitazioni, esplicitazioni, concessione di spazi. È importante comprendere che ascoltare e sentire o udire non sono la stessa cosa: spesso sentiamo o udiamo le parole pronunciate da qualcuno senza una reale comprensione del messaggio globale che ci vorrebbe comunicare. Infatti, si distinguono le seguenti modalità d'ascolto (Nave 2009):

I. Ascolto Passivo (Ascolto solo per dovere, sento le parole)
II. Ascolto Autocentrato Con Filtro (Giudizio e pregiudizio)
III. Ascolto Autocentrato Selettivo (Solo ciò che mi interessa)
IV. Pseudo-Ascolto Dialogo Interno (Penso già a quello che dirò appena posso)
V. Pseudo-Ascolto Interruzione (E' più importante ciò che penso io)
VI. Ascolto Attivo (Apertura al messaggio e centratura sull'altro)

In un ascolto centrato e consapevole il *counselor* deve sentirsi e mostrarsi motivato e interessato ad ascoltare qualunque cosa il *cliente* stia portando nel *setting*, il più possibile libero da difese personali, pregiudizi culturali o di valori. Capita infatti che il *cliente* "saggi il terreno" cercando di rilevare quanto il *counselor* sia in grado di ascoltare attentamente senza giudicare (Spalletta, Germano 2006).

Ascolto attivo significa essere presenti e attenti, riconoscere e rispondere, non lasciarsi distrarre, fare attenzione all'intera comunicazione di chi parla, essere aperti al messaggio che l'altro ci sta portando. E al contempo permette a colui che è ascoltato di ascoltarsi. Si basa sul principio socratico del "*sapere di non sapere*". È un mezzo tecnico (che si impara "a bottega") e lo si può apprendere sperimentandolo sul campo, sia in contesti ad hoc che nella vita quotidiana.

Attraverso l'ascolto attivo, il *counselor* automaticamente dimostrare interesse al *cliente* e in lui favorisce l'autosostegno, la crescita, l'autostima e una maggiore autonomia e favorisce la creazione di un rapporto successivo.

Nell'ascolto attivo si distinguono 5 tappe fondamentali:

1) Ascoltare il contenuto e fare domande di chiarimento.
2) Capire le finalità della comunicazione (non interpretare).
3) Valutare la CNV dell'interlocutore.
4) Controllare la propria CNV e i propri filtri.
5) Ascoltare con partecipazione e senza giudicare.

E ciò si può farlo attraverso:

A. Uso congruo e efficace della comunicazione verbale e non verbale.
B. Uso dell'empatia.
C. Messaggio in prima persona.
D. Uso di tecniche specifiche: parafrasare, rispecchiare, chiarire, riassumere.
E. Uso di domande (chiuse/aperte).

Mentre abbiamo già visto i punti A. e B., nei prossimi paragrafi approfondiremo i punti C. D. e E.

1.5.2.3 Il feedback fenomenologico e il messaggio in prima persona.

Il *feedback*, la comunicazione di ritorno, serve a informare la sorgente di un messaggio dell'effetto prodotto sul destinatario. E per essere un "nutrimento" e utile deve essere accompagnato da interessamento e supporto. È la modalità preferenziale di "restituzione", utilizzata nella relazione d'aiuto, basata sulla descrizione dettagliata dell'esperienza dell'altro, senza alcuna inferenza, così come il "fenomeno" si presenta alla nostra percezione. Allo stesso tempo, ricevere *feedback* rende più consapevoli di come ci si comporta e offre l'opportunità di modificare e migliorare la comunicazione.

Riguarda (Spalletta, Germano 2006):

- Il comportamento, anziché la persona. Si cerca di usare avverbi che rimandino all'azione invece di aggettivi che si riferiscono alle qualità.
- Le osservazioni piuttosto che le deduzioni: ciò che la persona dice o fa piuttosto che ciò che noi pensiamo possa aver fatto.
- La descrizione invece del giudizio.
- L'essere specifici piuttosto che generici.
- La manifestazione di idee e informazioni invece che dare consigli.
- L'offerta dell'insieme di informazioni che il ricevente può utilizzare piuttosto che le informazioni che si desirerebbe fornire.

I messaggi in prima persona consentono di far sapere al soggetto come ci fa sentire, il motivo per cui "ci sentiamo così". Questo perché, in genere, si ritiene che l'interlocutore che venga messo al corrente dell'impatto negativo prodotto sull'altro dalle sue azioni sia in qualche modo indotto a cambiare strategia.

– Quando lei … (comportamento)

– Mi sento … (l'emozione che sentite)

– Perché … (motivo)

Esempi:

- "Quando lei urla con me, mi sento frustrato perché questo mi impedisce di continuare ad ascoltarla"
- "Quando intervieni così spesso (descrizione non valutativa del comportamento), mi sento a disagio (espressione del sentimento), perché non ho spazio alcuno per esprimere le mie idee (indicazione degli effetti).
- "Il fatto che lei mi interrompa spesso quando parlo (descrizione non valutativa del comportamento), mi irrita (espressione del sentimento) perché mi fa dimenticare alcune cose che volevo dirle a proposito di… (indicazione degli effetti).

Caratteristiche del Messaggio IO.

Usando il messaggio Io si riconosce che:

- ✓ Si ha una certa responsabilità delle proprie emozioni e reazioni.
- ✓ Che non è solo una reazione inevitabile al comportamento dell'altro.
- ✓ Che gli altri avrebbero potuto reagire in modo diverso.

Inoltre il messaggio Io è assertivo in quanto è:

– Diretto. Frasi come: "Molti pensano che", oppure: "Non è normale che tu ti comporti così", ecc. non esprimono uno stile assertivo.

– Quindi la frase "Molti pensano che" si trasforma in "Io penso che", e "Non è normale che … "diventa "Non sono d'accordo col tuo modo di comportarti".

Lo schema della modalità che utilizza la restituzione con l'approccio fenomenologico è il seguente:

- Mentre tu parlavi di….

ho VISTO (mani, piedi, mimica, ecc.)

ho ASCOLTATO (che dicevi, citavi, commentavi…)

ho IMMAGINATO (che tu fossi arrabbiato e quanto deve essere difficile per te quell'esperienza, che io al posto tuo mi sarei sentito…

ho SENTITO (tensione, calore, ecc..)

- E ora/adesso (in questo momento):

VEDO (che hai una posizione…)

IMMAGINO (che sei triste, felice soddisfatto…)

PENSO (che sei irritato…)

SENTO (il cuore, il respiro che...)

Chi dà il *feedback*, in tal modo, si assume tutta la responsabilità di ciò che è *proprio* e si impegna a restituire all'altro una "fotografa" il più attendibile possibile della realtà. Il *cliente* che riceve il *feedback* diviene consapevole dei propri comportamenti e si dispone all'ascolto della valutazione dell'altro che non rileva "sbagli" ma fatti e comportamenti: può essere il *cliente* stesso, dunque, a riconoscerli.

Il *counselor*, nel dare il *feedback*, deve impegnarsi a dirigerli verso il comportamento che la persona può effettivamente modificare; deve essere il più chiaro possibile e restituirli immediatamente dopo l'evento, senza aspettare, cercando, tuttavia, di non sovraccaricare il *cliente*.

1.5.2.4 La riformulazione.

Un altro modo di "ascoltare" attivamente è quello di "dire" qualcosa che rispetti le regole di questo straordinario strumento a disposizione del *counselor* che è tipico dello spirito *rogersiano* che riporta la centralità della relazione proprio sul *cliente* e la cui fondamentale importanza nel contesto di *counseling* viene espressa da Mucchielli laddove sostiene che esso comprende al suo interno tutte le caratteristiche e abilità della nostra pratica: <<Inglobando gli atteggiamenti di accoglienza, di focalizzazione sul vissuto e la persona, di rispetto del soggetto e di facilitazione della comunicazione spinge o attira l'espressione del soggetto verso il suo spontaneo completamento, rendendo più probabile allo stesso tempo una corrispondente comprensione da parte dell'operatore>> (Mucchielli 1987, 71).

La garanzia di una retta comprensione del nostro interlocutore risiede, infatti, nella capacità di riesporre le sue idee e le sue emozioni con estrema precisione, o riassumere quanto detto al posto suo, senza aggiungere elementi tratti dal proprio vissuto o da presunti saperi estranei all'esperienza dell'altro. La ***riformulazione*** è dunque l'abilità di ribadire, con le stesse parole del *cliente* o utilizzando altre espressioni, ovvero in maniera più concisa e più chiara, ciò che egli ha appena affermato e, aspetto fondamentale da sottolineare, in modo tale da *ottenere il suo accordo e la sua approvazione* (Nave 2009).

La *riformulazione* dà prova al cliente di essere stato ascoltato con attenzione e interesse e di essere stato compreso e lo aiuta a concentrarsi sulla propria esperienza. La riformulazione cerca di rendere esplicito il contenuto, a volte espresso in modo vago e implicito dal *cliente* e offre a questi la possibilità di chiarire la propria formulazione ed eventualmente correggerla. Il *cliente* può inoltre confrontarsi con la propria visione della realtà e accorgersi di possibili distorsioni indotte dai meccanismi di difesa (Spalletta, Giordano 2006).

Dunque, sinteticamente, il *counselor* attraverso la riformulazione:

- Ottiene conferma di quanto compreso (*feedback*).
- Non interpreta, non giudica, non proietta.

- Nel caso di incomprensione può rettificare e riformulare.
- Ottiene l'accordo e l'approvazione del *cliente*.
- Mostra ascolto e comprensione.
- Coglie e chiarisce la componente emotiva.
- Riflette la realtà del *cliente*.
- Porta in primo piano quello che è sullo sfondo.
- Esplicita quello che era rimasto latente.
- Sottolinea la parte più importante.

Per quanto riguarda il *cliente*, questi:

- Riconosce che il suo punto di vista è stato percepito accuratamente.
- Si sente accettato e valorizzato.
- Sente di essere stato compreso ed è portato ad aprirsi e ad esplorarsi ulteriormente.
- Si sente incoraggiato a esplorare più in profondità la situazione problematica.
- Risulta più motivato a esprimersi ulteriormente.

Questi i modelli di riformulazione:

- **Riformulazione riflessa semplice o reiterazione**. Usando le stesse parole si riporta al *cliente* ciò che ha espresso. Se possibile abbrevia e ripropone i contenuti espressi dal *cliente* in forma riassuntiva, dando maggiore risalto ad alcuni aspetti del discorso o proponendo gli stessi elementi in un ordine differente. (<<*mi stai dicendo che...*>>, <<*tu sostieni che...*>>)
- **Riformulazione per parafrasi**. Il contenuto della comunicazione del *cliente* viene riformulato con parole leggermente diverse. (<<*se ho ben capito ...*>>, <<*in altre parole...*>>)
- **Riformulazione per riepilogo**. È una sintesi che aiuta a sottolineare gli elementi salienti dell'esposizione del *cliente* che può essere a volte prolissa. Il riassunto comunica attenzione e aiuta a creare collegamenti tra eventi descritti. (<<*Quello che mi hai detto finora è che...*>>)
- **Riformulazione eco**. Vengono ripetute le ultime parole della frase pronunciata.

- **Delucidazione o chiarificazione**. È una riformulazione sia del contenuto che dei sentimenti verbalmente espressi o non dal *cliente*. Mette in luce elementi non esplicitamente formulati, come ad esempio sentimenti o atteggiamenti specifici, e che forse non rientrano nel campo percettivo del *cliente* ma che hanno un influsso su di esso. (<<*Ascolto quello che mi hai detto e immagino che questo ti faccia soffrire ...*>>, << *Cosa senti ora?*>>)
- **Riflesso del sentimento.** Coglie la componente emotiva appena si presenta, prima che svanisca, e che il *cliente* può riconoscere come sua, e la ripropone attraverso una verbalizzazione chiara. Restituisce l'aspetto soggettivo, l'immagine di sé, l'angolatura dalla quale il *cliente* si pone per interpretare i fatti, le sue credenze, le impressioni.

È importante scegliere il momento giusto, per non interrompere o distrarre, e non abusare della *riformulazione* per non apparire inautentici o forzati.

1.2.5.5 L'uso delle domande.

L'approccio e la comunicazione di carattere non direttivo o semi direttivo obbliga il *counselor* a fare della gestione delle domande una delle sue più importanti abilità. Questo perché le domande possono certo raccogliere informazioni e agevolare una relazione, ma possono anche non avere alcuna utilità o addirittura essere disfunzionali alla relazione stessa. Non è detto che una domanda rilevante per chi la pone lo sia altrettanto per colui a cui è rivolta. Sebbene una domanda sia sempre un invito a parlare, non è detto che sia anche un mezzo per facilitare la comunicazione. Una domanda mal posta, posta in un momento sbagliato o con un tono sbagliato può inibire la comunicazione. L'atteggiamento del *counselor* di facilitazione dell'esposizione del *cliente* impone naturalmente un opportuno e preciso uso delle domande che, alternandosi organicamente all'ascolto attivo, dovrebbero essere, appunto, solo *domande di facilitazione* (Calvo 2009).

Fare domande è una abilità che richiede sensibilità ed esperienza pratica. Occorre dunque evirare troppe domande, quelle inutili, quelle che servono all'operatore piuttosto che all'interlocutore. Soprattutto, per fare domande che vanno in profondità è necessario che si sia stabilita una *relazione*, basata su un clima di fiducia e accettazione reciproca. A questo scopo, le domande dovrebbero essere di facilitazione non tanto di raccolta di informazioni, devono incoraggiare a parlare liberamente e restare nella struttura interna di riferimento del soggetto: lo scopo è di aiutare i soggetti a chiarificare e comprendere le tematiche affrontate.

I fattori che possono condizionare il modo di rispondere e il flusso della comunicazione sono (Hough 1999):

- Il *tipo* di domanda fatta.
- Il *momento* in cui la domanda viene fatta.
- La *persona* che rivolge la domanda.
- La *CNV* (il tono di voce, il linguaggio corporeo e il contegno generale della persona).
- Il *contesto* in cui la domanda è stata posta.

In relazione al *tipo* di domande si distinguono, innanzitutto, **domande chiuse** e **domande aperte**. Le prime si utilizzano solo quando è necessario alla funzionalità del processo di *counseling* specificare o raccogliere informazioni indispensabili. Esse sono circoscritte, richiedono solo fatti oggettivi, costringono a una sola risposta specifica restringendo la comunicazione, a volte sono di ostacolo e forzano il cliente a rispondere.

Le domande aperte inducono il *cliente* a chiarificare o esplorare i propri pensieri e sentimenti e non limitano le risposte a un sì o un no o a una o due parole, ma lasciano ampia possibilità stimolando l'esposizione di opinioni e pensieri.

Esempi di domande aperte sono:

- *Potrebbe dirmi qualcosa in più della situazione?*
- *Come ti sei sentita quando le hai parlato?*
- *In che modo è cambiata la situazione?*
- *Come ti senti ora che ti sei sfogato?*
- *Quali altri aspetti puoi valutare?*
- *Cosa significa per te?*

Le domande aperte possono offrire ai clienti l'opportunità di rispondere con i loro tempi e di espandere e chiarificare aree significative di preoccupazione che forse è necessario considerare più in profondità. Quando ciò avviene, il *counselor* deve ascoltare attentamente e restare nella struttura interna di riferimento del *cliente*. In altre parole, buone abilità di ascolto e di formulazione di domande sono inseparabili nel *counseling*: quando il *counselor* ascolta veramente il *cliente*, la tentazione di fare domande con frequenza o in modo inappropriato diminuisce (Hough 1999).

Le domande che iniziano con "**perché**" (ma anche "come mai", "per quale motivo/ragione/scopo…") sono domande problematiche nel *counseling* il cui spirito si rifà a quanto detto al capitolo 1.1.4.7 dicendo che <<alla ricerca del "perché" la *Gestalt* sostituisce il "come">>, dato che spesso è difficile o impossibile dare risposte dirette ed esaustive, almeno a riguardo di argomenti di una certa complessità. Possono mettere il *cliente* sulla difensiva, suonare come una accusa o un interrogatorio e avere potenti conseguenze negative (Nave 2009).

Nel libro di Hough (1999, 86) viene dato ed esaminato un esempio di questo tipo di domande, che possono non solo essere inutili ma spesso anche dannose, specie se il *cliente* è sconvolto, infelice o disperato:

Cliente: <<Da ieri sono così depressa. Sembra semplicemente che non riesca a togliermela di dosso questa cappa.>>

Counselor: <<Perché sei depressa?>>

La cliente probabilmente non sa perché è depressa o almeno non sa rispondere in maniera diretta: potrebbe avere coscienza dei motivi potenziali che hanno determinato la sensazione che sta provando ma difficilmente saprebbe esprimerli in maniera lucida e sintetica. Potrebbe rispondere (a giusta ragione!) che se lo sapesse non si sarebbe rivolta a un *counselor*!

Come già detto, la percezione della realtà, sia esterna che interiore, è condizionata da diversi fattori come esperienze, cultura, sensi, stati d'animo, ecc. Tali fattori costituiscono una serie di filtri precettivi tali per cui noi selezioniamo gli stimoli che arrivano dalla realtà e "distruggiamo" una grossa quantità di tali informazioni. Come vedremo meglio nel Capitolo 2 quando parleremo del *metamodello* della *PNL*, ciò che resta della realtà dopo questo processo di filtraggio può essere chiamato la nostra "mappa" del mondo. Ognuno di noi quando vuole rappresentare all'altro la propria realtà, la propria mappa, deve farlo attraverso l'uso del linguaggio. Ebbene nel raccontare l'esperienza "distruggiamo" un'ulteriore grossa quantità di informazioni (Granata 2007). Come a dire che la descrizione linguistica della mappa non è mai *precisa*. Da qui una serie di domande, dette **domande di precisione**, che il *counselor* può usare in seguito a particolari affermazioni del *cliente* che "denunciano" quelle imprecisioni, le quali possono essere di ostacolo alla funzionalità dei pensieri, all'autoesplorazione, alla liberazione emotiva e al superamento di convinzioni che limitano il processo di consapevolezza e crescita del *cliente*. Sono domande che usate con attenzione e misura contribuiscono a conoscere quella che Rogers ha descritto come la *struttura interna di riferimento*, riferendosi alle esperienze individuali del *cliente*, alle circostanze in cui si trova e al suo mondo (Rogers 1994).

Per concludere, il *counselor* dovrebbe cercare di fare, comunque, domande brevi e chiare, per focalizzare un argomento alla volta (evitando le domande "o … o"), formulandole lentamente per assicurarsi che siano comprese cercando di fare una domanda per volta. Dovrebbe agganciare le domande a quello che dice il soggetto evitando la tendenza di formulare troppe domande generali e di articolarle in modo chiuso anziché aperto. Rispetto a quando e con quale frequenza porre le domande, può essere utile chiedersi:

- È troppo presto per fare questa domanda?
- Perché voglio una risposta alla domanda che sto facendo?
- La domanda aiuterà il soggetto?
- La domanda soddisfa qualche mia curiosità?
- La domanda aiuterà a esplorare meglio la situazione?
- Quante domande ho fatto in questo incontro?
- Ho dato il tempo sufficiente per considerare la domanda e darvi una risposta?
- Che cosa non ha detto il *cliente* nel rispondere ad una specifica domanda?

1.2.5.6 I blocchi della comunicazione.

Esistono atteggiamenti, stati d'animo e comportamenti che sono veri e propri errori o blocchi della comunicazione, tali non solo da rendere difficoltoso quel flusso circolare descritto ma di interrompere, vanificare e rovinare la relazione stessa. Ciò che il *counselor* deve sempre tenere a mente, in ogni caso, è che esistono dei filtri che influenzano il nostro modo d'ascoltare e che questo vale sia per noi che per l'altro: ricordi, valori, interessi, convinzioni, ipotesi, sentimenti, esperienze passate, atteggiamenti, aspettative, ambiente fisico, pregiudizi. Tutto questo costituisce la *mappa* di ognuno e non esistono due mappe uguali.

Come, già detto, il *counselor* oltre a evitare di dare consigli, evita il "*VISSI*". Si *valuta* quando facendo riferimento a norme a o a valori, le risposte comportano un giudizio, vale a dire che esse implicano un'opinione etica personale sia di critica sia di approvazione. Si *interpreta* quando le risposte cercano un significato "altro" rispetto a ciò che viene detto dal *cliente*. Si *sostiene* quando le risposte mirano ad apportare incoraggiamento, consolazione e compensazione. Si *soluziona* quando le risposte tentano di trovare una via d'uscita immediata ad un problema e perciò si reagisce con l'azione ed incitando ad essa; questo atteggiamento blocca il *con-tatto* con quanto viene provato, condizione fondamentale per attivare, poi, risorse. Si *indaga* quando c'è la smania di sapere di più e si orienta il discorso in ciò che sembra importante per noi. Ne segue naturalmente che altri atteggiamenti da evitare sono: *giudicare, commentare, biasimare, dogmatizzare, persuadere, diagnosticare, generalizzare, minimizzare, lamentarsi e accusare.*

E, di nuovo, il *counselor* evita di dare consigli. Molto spesso le persone non desiderano consigli. Del resto, è raro che le persone accettino consigli, specialmente quando pensano che non siano i consigli giusti. Vogliono invece essere ascoltate e comprese.

Altri errori in cui può incorrere il *counselor*:

- Inadeguatezza del codice scelto, magari adottando termini tecnici che difficilmente possono risultare noti al *cliente* oppure utilizzando un gergo estraneo alla cultura di provenienza del *cliente*.

- Mostrare uno scarso interesse, quando per suoi motivi, in realtà, il *counselor* non è nel *qui e ora.* Spesso può essere il linguaggio del corpo che esprime disinteresse o noia. Altre volte può essere il cambiare argomento a mostrare una assenza di centratura.
- Dare per scontato ciò che il *cliente* sta dicendo o sta per dire.
- Fingere un ruolo di ascolto solo per dovere professionale.
- Essere monotono attraverso un uso non calibrato e attento delle tecniche di riformulazione o nel tipo di domande.
- Essere centrato esclusivamente sui fatti trascurando la CNV e le emozioni e gli stati d'animo che il *cliente* può non manifestare con le parole.
- Discutere, agire, ritirarsi quando il *counselor* è in preda ad un emozione troppo intensa (es. quando si è molto arrabbiati)

Il *counselor* dovrà tenere in grosso conto la possibilità che ci siano delle **barriere** al contatto, prepararsi e, ove possibile, eliminarle a monte del colloquio. Ecco alcune barriere:

- Olfattive: cattivo odore, alitosi, sudore ….
- Spaziali: troppo vicino o troppo lontano.
- Fantasie oppositive: ha le orecchie a sventola e mi ricorda il professore di italiano.
- Distrazione: uno stimolo esterno che prende l'attenzione.
- Visive: poca o troppa luce che impediscono di vedere.
- Sonore: troppo rumore o un tono di voce basso o altro.
- Mentali: la presenza di pregiudizi, problemi personali o proiezioni.

Certo, può accadere, specie nel *precontatto* che sia il *cliente* stesso a richiedere giudizi, soluzioni o consigli o, semplicemente, l'opinione del *counselor* (<<*Lei che ne pensa a riguardo*?>>, <<*Lei al mio posto cosa farebbe*?>>, <<*È giusto*?>>). Del resto, il *cliente* si rivolge ad un professionista per ricevere un aiuto e si attende che l'esperto si esprima a riguardo. Inoltre, all'inizio il *cliente* non conosce il funzionamento del *counseling.* L'atteggiamento corretto rimane quello dell'ascolto empatico, del tentativo di mettersi nei panni dell'altro e di comprenderne il suo punto di vista (<<Non è facile rispondere…Capisco che lei in questo periodo si senta così in difficoltà>>) (Calvo 2007).

1.5.3 La gestione del ciclo di contatto degli interventi di counseling.

Il *counselor* dovrà prendere in considerazione nel processo di *counseling* tutte le sue conoscenze, metodologie e abilità per mettere in pratica, in ogni fase della relazione col cliente, scelte e strategie che dovranno portare il *cliente* al raggiungimento di obiettivi specifici e concreti. Come abbiamo detto, in effetti, il processo di cambiamento su cui lavora il *counseling* non è basato su scopi generici e, oltretutto, è delimitato in un tempo breve. Gli interventi rappresentano tutte le azioni che vengono compiute a partire dalla condizione disfunzionale iniziale fino a quella desiderata, e possono essere descritti in termini di strategie e tecniche correlate (Spalletta, Germano 2006).

Risulta, dunque, allo stesso tempo più naturale ma anche obbligato, strutturare i piani di intervento, siano essi rivolti al singolo *cliente*, che al gruppo, che alla comunità, in una serie di passi e strumenti che, via via, il *counselor* farà suoi come bagaglio d'esperienza e professionalità. Dalla preparazione del lavoro, al primo contatto col *cliente* fino ad arrivare ai saluti finali, tutto e ogni fase richiede specifiche attenzioni, risorse e tecniche.

Affronteremo, dunque, questo argomento suddividendolo proprio nelle 4 parti che rappresentano le 4 fasi del ciclo di contatto: *pre-contatto*, *avvio*, *contatto pieno*, *chiusura*. La prima di queste sarà orientata a ciò che abbiamo già citato come *definizione del contratto*. La seconda e la terza fase opereranno una sorta di *smontaggio* prima dei moduli che compongono la struttura del problema portato dal *cliente* e, in seguito, un *rimontaggio* degli stessi moduli ma secondo schemi diversi, in modo che la questione in esame non abbia più l'identità di un problema oppure che avrà l'identità di un problema risolvibile direttamente da parte del *cliente* stesso, con il contributo della presenza del *counselor* (Sabbadini 2009). Infine, il cosiddetto *ritiro* che porta a compimento il processo di consapevolezza vissuto dal *cliente*.

1.5.3.1 Il Pre-contatto.

Il focus del *counselor* dovrà orientrarsi su questi aspetti dell'*accoglienza*:

I. Presentarsi
II. Creare il clima giusto.
III. Verificare la richiesta.
IV. Dare informazioni di contesto.
V. Definire il contratto.

Il *counselor* sa che, soprattutto se il *cliente* è alla sua prima esperienza, la fase iniziale si caratterizza, con piacere e a volte con stupore, come uno spazio/tempo privilegiato e protetto, pervaso di quella sicurezza fiduciosa che consente di trovare il coraggio per avventurarsi nelle esplorazioni e nei cambiamenti senza troppa ansia. Un elemento importante da considerare in questa fase è lo *stile di attaccamento* del *cliente* per capire qual è il suo modo di entrare in relazione con gli altri.

È importante cominciare con un atteggiamento curioso, sostenuto dall'obiettivo di cercare di capire meglio le cose. Ciò che deve interessare il *counselor* non è farsi confessare qualche cosa o indurre il *cliente* a riconoscere un dato problema, ma comprendere il rapporto comportamento-problema, o la sua fonte di preoccupazione, da un lato, e la situazione concreta dall'altro. Bisogna evitare di partire dal pregiudizio che *esista* un problema (Rosenberg 2011).

Gli obiettivi di questa fase sono:

1. Conoscere il *cliente*, il suo problema, il contesto e l'ambiente di vita.
2. Arrivare ad una descrizione e definizione condivisa del tema/problema che il *cliente* presenta.
3. Verificare l'adattabilità della persona e del suo disagio al percorso di *counseling* o, se necessario, procedere ad un invio specialistico.
4. Individuare e sviluppare una modalità comunicativa funzionale al *cliente*, al tipo di disagio, al suo livello di reattività e resistenza, con il suo stile, il suo *modus* di affrontare le difficoltà (*coping*).
5. Stimolare la motivazione, la speranza e la fiducia del *cliente* sulle sue risorse e sul processo in atto.

Il *counselor* in questa fase metterà in campo un ascolto attivo, profondo e consapevole, "sarà" pienamente *rogersiano* e dovrà essere consapevole di quelle che sono le reazioni personali nell'incontrare l'altro e come egli stesso le accoglie nel modo più autentico possibile, sarà empatico a livello di coinvolgimento e attenzione, dovrà accogliere accettando incondizionatamente l'essere al mondo del *cliente*. Dovrà creare quel clima di accoglienza e calore per il *cliente* che gli permetta di trovare uno spazio di espressione dei propri vissuti nel rispetto dei propri tempi. È la cosiddetta ***alleanza operativa***, che si configura come la base di una efficace relazione di aiuto. Nessun lavoro potrà essere portato a compimento senza la percezione di collaborazione verso un obiettivo condiviso. Affinché qualunque tecnica sia efficace, il *cliente* deve aver fiducia nel professionista e percepirne il suo rispetto. La responsabilità di attivare energie collaborative spetta al *counselor*: è la capacità di puntuale sintonizzazione con il *cliente* che consente di cogliere il livello di motivazione attuale e di individuare le risorse per spostarsi via via a livelli più produttivi (Spalletta, Germano 2006). Oltre alle abilità e disposizioni di base già discusse, nei prossimi capitoli si offrirà un possibile contributo di carattere pratico a questa *sintonizzazione* che la *PNL* chiama *rapport* e che, analogamente, è condizione *sine qua non* per costruire e mantenere l'alleanza operativa. Diventano fattori cruciali per una buona alleanza operativa e motivazionale anche:

- La qualità dell'incontro individuo-individuo.
- Il ruolo di guida del *counselor*.
- Fornire un modello di comportamento autentico.
- Attenzione all'esserci più che alla tecnica.
- Essere centrati e in armonia con il *cliente*.
- Aumentare la consapevolezza grazie all'incontro IO-TU.

Il *counselor* sa che il primo incontro, **il primo contatto**, la prima telefonata sono cruciali per determinare l'avvio e il proseguo della relazione. Dal primo istante il *cliente* inizierà a testarlo, a partire dal suo comportamento non verbale e paraverbale. La preparazione e l'autenticità renderanno più congruente la comunicazione del *counselor* che dovrà, quindi, essere pronto a rispondere alle prime domande possibili che gli verranno formulate, relative a:

- Costi.
- Qualifica professionale.
- Tempi e luoghi di eventuali appuntamenti.
- Cos'è il *counseling*.

Naturalmente, successivamente o in base al tempo a disposizione, alla curiosità, conoscenze o stato d'animo del *cliente*, al modo di svilupparsi la relazione iniziale, il *counselor* potrà fornire ulteriori informazioni e risposte alle domande dei clienti, in merito all'approccio, tecniche, modalità e tempi che usa il *counselor*, alla confidenzialità delle informazioni, conversazioni e dei racconti che si scambieranno nel *setting*, alle alternative possibili al *counselor* o al *counseling* e, infine, alle responsabilità reciproche. Specificare, illustrando cos'è il *counseling*, che la durata del percorso potrà essere, ad esempio, di 10-12 incontri e che ognuno potrà durare 50' o un'ora. Dovrà, altresì, essere pronto a ricevere delle richieste fatte da parte di una persona che chiama al posto del potenziale *cliente*.

Il primo passo del processo della relazione d'aiuto consiste nel contestualizzare la situazione attuale attraverso l'autoesplorazione narrativa, in cui il *cliente* individua e chiarisce le radici del problema oppure delinea il bisogno che orienterà all'azione verso l'obiettivo. Il *counselor*, agevolerà questo processo attraverso l'***analisi della domanda***, che serve oltretutto al *counselor* per iniziare a vedere il quadro con gli occhi del *cliente* (Spalletta, Germano 2006). È un aspetto molto importante perché in ogni richiesta, da parte del *cliente*, può esserci una *domanda esplicita* ma anche una *domanda implicita*, non sempre consapevole. Per tanto, il *counselor*, oltre ad ascoltare il racconto del *cliente*, dovrà porsi le seguenti domande:

- Da chi viene richiesto il colloquio?
- Chi esplicita la domanda?
- A chi viene rivolta la domanda nei suoi contenuti espliciti?
- Qual è il contesto di riferimento in cui richiedente e destinatario della domanda sono inseriti?
- Sono attinenti il contesto ed il destinatario della domanda con il contenuto del problema presentato?
- Cosa mi sta dicendo questa persona con le sue parole?
- Cosa mi sta dicendo di se stessa, delle sue necessità, attraverso il modo in cui si esprime?

- Perché questa domanda proprio a me?

Un momento e strumento importante del pre-contatto è la ***raccolta storiografica*** che fornisce un valido aiuto per una raccolta sistematica dei dati bibliografici del *cliente*. Se eseguita in modo appropriato, consente anche allo stesso *cliente* di ristoricizzare la propria vita e al *counselor* di stabilire una buona alleanza. La raccolta mira anche ad unire tutte le informazioni ottenute nel corso delle sedute, tramite l'osservazione e l'ascolto per dare vita ad un archivio. Il presupposto è una visione olistica dell'individuo mente/corpo, ricostruendo la costellazione di eventi che fanno da sfondo alla storia del *cliente*. Potrà contenere:

- notizie generali sul *cliente*,
- i motivi della visita,
- la storia dell'attuale problema,
- la presenza di recenti cambiamenti di vita,
- l'anamnesi fisiologica,
- le abitudini di vita, familiarità.

Il *counselor* dovrà riportare i dati con sintesi e significatività, usare termini e processi descrittivi, prendere appunti subito dopo l'incontro, scrivere la data, siglare regolarmente i resoconti, non usare termini come "sembra" o termini non appartenenti alla professione.

Uno degli strumenti a disposizione del *counselor* per conoscere la storia personale del *cliente* è il ***genogramma***, uno strumento grafico che permette di descrivere la famiglia nell'arco di tre generazioni, ivi inclusi personaggi significativi che hanno svolto un ruolo "parafamiliare". Vengono utilizzati dei simboli molto semplici che rappresentano il genere: un quadrato ad indicare il sesso maschile, un cerchio per quello femminile. Esistono poi diversi tipi di linee per illustrare i rapporti familiari: una linea continua in genere indica un matrimonio, una linea tratteggiata una convivenza od una relazione significativa. I figli sono segnalati immediatamente al di sotto ed in relazione con la linea indicante il rapporto, da sinistra a destra per ordine di nascita. I simboli di solito riportano in alto la data di nascita (ed eventualmente quella della morte), ed in basso il nome del singolo individuo. L'interno del simbolo può contenere altre informazioni specifiche, quali ad esempio l'età attuale del soggetto, oppure dei codici alfanumerici ad indicare malattie genetiche, od altri dati degni di nota (aborti, patologie eredo-familiari). Ovviamente, il *cliente* nel realizzarlo non solo lo compila ma inizia una sorta di narrazione in cui emergono, soggettivamente, eventi e ricordi della sua vita, che molto probabilmente sono una sorta di riadattamento e rielaborazione avvenuta negli anni (Spalletta, Germano 2006). Elementi significativi che possono raccontare modi di esprimersi e di essere della famiglia e che si possono desumere sono: riti familiari, momenti collettivi, momenti quotidiani, nomi, soprannomi e professioni ricorrenti, valori, miti e aspettative della famiglia. Il racconto e l'impatto visivo del grafico possono far prendere consapevolezza al *cliente* di come le proprie radici possono condizionare il presente, aumentare la comprensione di sé e individuare alternative possibili. L'attenzione si sposta sul modo in cui il *cliente* sviluppa il genogramma: quali ricordi ed emozioni emergono, il tipo di linguaggio utilizzato, la costruzione dei periodi, la ripetizione dei vocaboli, la punteggiatura. Il *cliente* parla anche attraverso l'omissione, i lapsus, gli spazi bianchi, gli errori, la distrazione, la confusione, l'occupazione ristretta o estesa dello spazio e la forma stessa che il disegno può assumere (Giusti, Vigliante 2009).

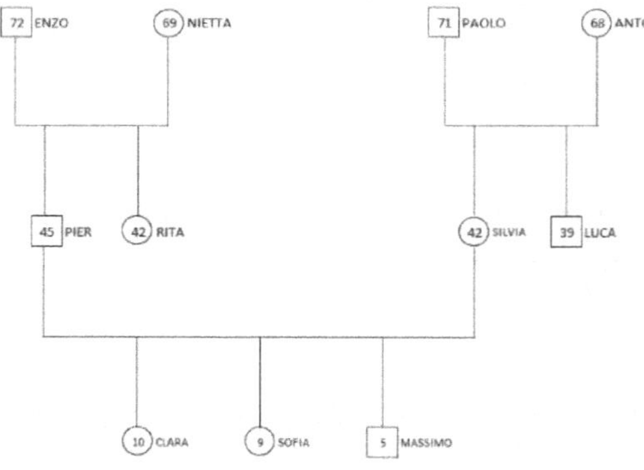

Altro importante strumento sono le ***fotografie***. Le tecniche basilari dell'uso delle foto nel *counseling* sono direttamente correlate ai possibili legami tra la persona e la macchina fotografica, tra la persona e le foto ricordo della sua vita familiare e personale, tra la persona e il mondo delle immagini. Le foto usate possono essere:

- foto nelle quali il *cliente* è soggetto ritratto,
- foto scelte dal *cliente* per autodescriversi e rappresentare se stesso (autoritratti),
- foto scattate dal *cliente*,

- istantanee autobiografiche, spesso di familiari, parenti, amici, in occasione di feste, matrimoni e ricorrenze varie nelle quali il *cliente* può essere incluso o no; queste ultime foto possono, o meno, essere organizzate e sistemate in un album.

Oltre a queste quattro tecniche ne esiste un'altra che è parte delle altre: si tratta della "tecnica proiettiva": poiché qualunque foto rappresenta una fonte di informazioni focalizzate selettivamente, ogni *cliente*, di fronte ad essa, risponderà in un modo peculiare, attribuendole un significato strettamente personale.

L'osservazione di una foto innesca un meccanismo e un processo che unifica mondo presente, ricordi del passato, fantasie e proiezioni del *cliente*. Il racconto che inoltre accompagna il gioco e plasma l'osservazione rende la persona in grado di scoprire e afferrare cose del suo passato e del suo vissuto personale, della sua esistenza rimasti invisibili, sconosciuti, incompresi fino a quell'istante. Le immagini scelte e portate dal *cliente* forniscono un valido spaccato della sua storia familiare e innescano un meccanismo di riavvicinamento a ricordi, ruoli, regole, tradizioni, miti della propria famiglia, abbandonati o conservati nel tempo. Fornendo anche un momento di paragone tra ciò che apparteneva alla famiglia materna e quella paterna. Il vissuto emotivo che accompagna il gioco può essere molto forte, rievocare rabbia, conflitti irrisolti o tenerezza e commozione.

Le foto si possono usare in diversi modi e non esiste un modo migliore di un altro; l'importante è innanzitutto rispettare i tempi del *cliente*, ovvero non costringerlo a portare foto o album se non è veramente convinto. Non tutti sono in grado di lavorare con le foto, che possono mettere l'individuo di fronte a realtà a volte troppo dolorose; pertanto, è opportuno valutare caso per caso se usare o meno questo approccio. A volte può accadere che il *cliente* stesso, parlando di un determinato argomento, citi una fotografia o la porti nel *setting* per discuterne proprio col *counselor*; in altri casi, invece, può essere il *counselor* ad avvertire l'opportunità di introdurre l'argomento (Giusti, Vigliante 2009).

La scrittura ha non solo un fondamentale ruolo comunicativo, ma anche una importante funzione psicologica. Chi affida alla parola scritta la storia della propria vita e in particolare quella degli eventi negativi che l'hanno segnata opera una salutare rielaborazione cognitiva ed emozionale.

Tradurre le esperienze in parole ed inserirle in un racconto coerente comporta infatti una ristrutturazione delle emozioni, dei ricordi e dei pensieri (Giusti, Vigliante 2009). Da qui, l'uso del ***diario*** che il *counselor* può proporre al *cliente*, al fine di:

- Aumentare autoconsapevolezza ed accettazione di sé.
- Facilitare l'espressione dei propri sentimenti.
- Creare e aumentare l'amicizia con se stessi.
- Produrre uno sfogo che può diventare creativo,
- Determinare autosostegno.
- Agevolare l'autoesplorazione.

Naturalmente, deve essere volontario e non forzato: ogni pressione esercitata, scoraggerebbe il *cliente* della piena e sincera espressione di ciò che gli sta accadendo; non ricevere voti e non essere giudicato, in quanto non è una punizione ma piuttosto un'opportunità in più per affermare idee, credenze, attitudini, sentimenti nel modo migliore richiesto dai bisogni del *cliente.* Insomma essere vissuto come piacevole ed essere scelto con attenzione.

Il contenuto dello scritto fornisce informazioni preziose per il *counselor* e materiale da utilizzare, come accade per i sogni, le fantasie, i test proiettivi ed altri prodotti immaginativi; il linguaggio utilizzato è altrettanto ricco di informazioni, specie se il *cliente* fornisce metafore spontanee. Questi i vantaggi:

- È un utile economizzatore nella raccolta storiografica, in quanto offre una soluzione parziale alla disponibilità limitata di colloqui.
- È per il *counselor* una ricca fonte di informazioni e dati psicologici ed emotivi relativi al *cliente.*
- Potenzia l'adulto del *cliente* in quanto sono richieste continuità e sistematicità nel programma di scrittura giornaliera.
- Educa alla simbolizzazione.
- Consente il monitoraggio dell'umore quotidiano.
- Garantisce un contatto con il processo relazionale anche negli intervalli tra un incontro e l'altro.
- Può agevolare un salto qualitativo dell'introspezione del pensiero ossessivo alla coscienza esplorativa.

- Aiuta a passare da un modello di dipendenza relazionale a forme di autosostegno, inteso come dipendenza da se stessi.
- Integra i compiti e gli obiettivi del *counseling*, così come vanno delineandosi nel corso dei colloqui.

Ancora una volta, si sottolinea che è importante che il *counselor* si focalizzi sul vissuto del *cliente* (il come) e non sul racconto dei fatti alla ricerca di una causalità (il perché). L'analisi della domanda dovrebbe consentire di:

- individuare il problema cruciale (*Per chi realmente questa situazione presentata è un problema? In che modo la situazione rappresenta un problema per la o le persone che formulano la domanda di aiuto?*),
- stabilire i fattori, le circostanze e le persone coinvolte nella situazione problematica (*Quando, con quale frequenza, da quanto tempo, con chi, in quali situazioni il problema si verifica?*),
- individuare quali sono state finora le tentate soluzioni al problema (*Quali risorse sono più disponibili per agevolare un cambiamento della situazione? Quali gli ostacoli prevedibili?*),
- individuare il livello di motivazione a cercare una risposta (*Cosa porta alla formulazione della domanda proprio in questo momento della vita?*).

Un *cliente* potrebbe chiedere di "guarire" da un sintomo o di "liberarsi" da certe abitudini, che però godono di una propria funzionalità in quanto lo tutelano da sintomi e comportamenti peggiori oppure perché i comportamenti da cambiare prevedono anche dei benefici che andrebbero perduti se il risultato venisse raggiunto. In *PNL* questi benefici sono conosciuti come "effetti collaterali positivi" o "vantaggi secondari". A volte questi aspetti "positivi" di comportamenti "negativi" non sono ovvi, ma è essenziale ricercarli, individuarli e tenerne conto perché il risultato desiderato possa realizzarsi. Una volta che si è presa coscienza di questi effetti secondari positivi, si può arrivare alla conclusione che non sono più validi (Bavister, Vickers 2013).

Spesso il *cliente* si presenta inizialmente con una vaga idea di ciò che desidera oppure può tendere a "girovagare" in tante aree. Il *counselor* potrà allora fare domande che tendono a fare chiarezza ovvero a focalizzare sulla definizione del significato specifico delle parole che il *cliente* dice rispetto ad emozioni, sentimenti ed obiettivi, per fare emergere sempre di più il tema centrale del lavoro, anche perché a partire circa dal 3° incontro deve essere chiaro e delimitato l'***obiettivo*** del lavoro di *counseling*. E questo, per essere tale, dovrà rispondere ai requisiti di specificità, misurabilità, chiarezza, concretezza, realizzabilità. A volte, quando l'orientamento del *cliente* e dei suoi bisogni sono orientati al miglioramento e all'azione verso questioni pratiche di vita o di lavoro, si può ricorrere alla *tecnica degli obiettivi ben formati* e a quella della *time-line* che verranno illustrate nel Capitolo 3.

L'assunzione dell'impegno alla collaborazione reciproca verso l'obiettivo da raggiungere prende forma nel ***contratto***, l'accordo fra *cliente* e counselor sulle finalità e sui metodi applicati per arrivare all'esito desiderato, ovvero quali sono i contenuti dell'accordo. Che sia scritto o meno, rende il *cliente* partecipe, consapevole, coinvolto nell'investire risorse a vantaggio del proprio benessere. La definizione del contratto rende chiara e inequivocabile la coincidenza delle volontà del counselor e del *cliente*. I punti del contratto e del *consenso informato* possono essere:

- Tipo e finalità dell'intervento.
- Qualifica professionale.
- Metodo di lavoro.
- Orientamento teorico di riferimento.
- Tipo e modalità di relazione.
- Permessi di registrazioni, appunti, ecc.
- Eventuale modalità di follow-up.
- Modalità di risoluzione anticipata.
- Trattamento dei dati e legge vigente.

Tutto questo avviene all'interno del ***setting*** strutturale e relazionale, il luogo in cui l'azione di *counseling* viene svolta: caratteristiche dell'ambiente come la qualità e la disposizione degli spazi che consentano di rispettare la "zona personale" e i *confini*, l'arredamento, la comodità, la luminosità, la temperatura, ecc. Ma comprende anche tutte quelle regole che definiscono la relazione interpersonale, tutti i comportamenti comunicativi che caratterizzano il rapporto, regole su orari, frequenza costi. Comprende, oltre al luogo fisico in cui si svolge l'attività, mezzi messi a disposizione, tempi e onorario, la regolamentazione delle assenze e delle sospensioni:

- Regole che precisano i ruoli del *cliente* e del *counselor*.
- La strutturazione ed il mantenimento/rafforzamento dei Confini.
- I termini e la definizione del Contratto.
- Lo sviluppo della Motivazione al percorso e dell'alleanza operativa.

1.5.3.2 L'avvio di contatto.

In questa fase il *cliente* sta iniziando a considerare davvero la possibilità del cambiamento, che qualcosa della sua vita potrebbe cambiare, fosse anche solo a partire dalla messa in discussione di alcuni propri pensieri, percezioni e convinzioni che determinano la sua visione del mondo ovvero di sé stesso. Il *counselor*, allora, dovrà essere attento a sostenerlo in questo passaggio dalla contemplazione della situazione attuale alla determinazione di come organizzare il cambiamento, focalizzandosi sul vissuto del *cliente* e agevolando il processo di individuazione delle sue risorse, interne ed esterne.

A fronte di percezioni distorte delle emozioni o sensazioni del *cliente*, il *counselor* rimanderà con *feedback* puntuali al *cliente* che potrà innanzitutto accrescere la sua consapevolezza ed autoesplorazione e, inoltre, riconsiderare le sue percezioni e valutare quanto siano supportate dall'evidenza, quanto siano utilizzate in modo assoluto e generalizzato, automatico e affrettato, per scoprire che potrebbero esserci molte altre spiegazioni più adeguate per leggere la realtà e la situazione problematica/migliorabile in questione. Il *cliente* potrebbe scoprire il ruolo del suo *dialogo interiore* che potrebbe essere l'artefice dell'auto-sabotaggio dell'azione proattiva e della determinazione di sé, se costituito prevalentemente da parole negative, critiche distruttive e colpevolizzazioni (Ivey 1993)[21].

---

[21] In Spalletta Germano 2006

La *riformulazione*, il *feedback* e le *domande di precisione* potranno aiutare il *cliente* a differenziare tra i dati e le inferenze o deduzioni che portano il *cliente* a costruirsi immagini distorte della realtà e convinzioni che limitano la sua realizzazione e autodeterminazione. Recuperare l'"'ovvio" consente di riappropriarsi progressivamente della propria vita, riconoscendo le sofisticazioni del pensiero e i filtri depositati nella mente da troppo tempo per risultare ancora utili (Spalletta, Germano 2006). Anche tecniche quali *role-playng*, *esposizione graduale*, *esperimenti di azioni "nuove"* possono contribuire ad aumentare la consapevolezza del modo in cui il *cliente* usa il suo pensiero per la sua vita e del suo grado di gestione e regolazione delle emozioni. Il *counselor* può incoraggiare il *cliente* a monitorare sia i sentimenti che le loro reazioni corporee in modo più costante, così da aumentare l'autoconsapevolezza e contemporaneamente per insegnare loro una capacità molto valida come quella di assegnare un nome ed ascoltare i propri sentimenti. Per fare questo gli si può assegnare una scheda da compilare giornalmente, che include una scala di valori da attribuire a una sensazione in una specifica situazione.

1.5.3.3 Il contatto pieno.

E' questo il momento nel quale si agisce e si trovano le soluzioni, quando il bisogno viene soddisfatto pienamente e la persona è consapevole di aver preso la decisione che la porterà al superamento del bisogno ed all'acquisizione di una nuova consapevolezza. L'intervento di *counseling* ha come obiettivo il raggiungimento della consapevolezza e della responsabilità, intesa come abilità a rispondere al proprio bisogno e per fare ciò si rende necessario sviluppare la conoscenza del *cliente* delle proprie dinamiche e trovare modi di risposta diversi alle proprie abitudini poco o per nulla funzionanti.

Ecco perché in questa fase il *counselor* promuove la *sperimentazione*, ad esempio con *tecniche gestaltiche* o di *PNL*, di situazioni, emozioni e comportamenti che il *cliente* vive come una novità ma anche come evento che attesta la possibilità di cambiare: invero, anche se in una situazione, ad esempio, immaginata, il *cliente* avendo sperimentato con i pensieri, col corpo, con i sensi, ecc. ha già vissuto il cambiamento e questo può favorire l'azione per la soddisfazione del bisogno nella sua vita reale. Il *cliente* crea e vive un'esperienza che lo accompagna nel contatto di un sentimento, un vissuto, un'emozione.

In particolare, nello sperimentare l'espressione dei sentimenti il *cliente*:

- prova le emozioni piuttosto che bloccarle o distorcerle,
- esplora le emozioni, le segue e le comprende,
- nomina correttamente emozioni e sentimenti (Nelson-Jhones 2002)[22].

La relazione con l'agevolatore diventa il banco di prova del cambiamento nella padronanza emotiva. Gli strumenti e le tecniche più utili a questo scopo sono quelli di origine gestaltica, le tecniche psico-drammatiche e quelle espressivo-creative che possono aiutare il *cliente* a focalizzare la sua attenzione sui sentimenti repressi. Utilizzare l'esperienza nel qui ed ora consente di guidarlo verso una comunicazione autentica, verificando la congruenza tra le situazioni e le emozioni tra il comportamento verbale e non verbale (Spalletta, Germano 2006).

Tutto questo, inoltre, favorisce la *assunzione di responsabilità* da parte del *cliente*, perché consapevolizza da un lato il proprio ruolo di artefice di queste azioni e sperimentazioni e, dunque, del cambiamento possibile e, dall'altro, che non sono solo gli eventi esterni o gli altri che agiscono e influiscono sulla sua vita.

[22] In Spalletta Germano 2006

1.5.3.4 Il post-contatto.

E' la fase conclusiva e del distacco. Il *cliente* ha toccato una parte di sé: può aver scoperto qualcosa di nuovo, può aver raggiunto un grado maggiore di consapevolezza e in modo naturale e spontaneo può porsi nuovi obiettivi riguardo a quel problema. In altri casi il *counselor* può agevolarlo ad intravedere nuovi orizzonti e a definire un obiettivo concreto da raggiungere. E' il momento della maggiore consapevolezza. Il momento nel quale si può godere della soddisfazione del bisogno e delle nuove conoscenze acquisite. E' il momento della soddisfazione e dell'equilibrio.

Al fine di svolgere una sorta di verifica, il *counselor* ricapitola il percorso, ripercorre i "passaggi" del lavoro svolto e riepiloga il processo avvenuto, sottolineando i punti di forza e gli aspetti positivi. Dà il proprio feedback finale attribuendo il senso di quanto ha fatto e vissuto il *cliente*. Questi sente la gratificazione e integra l'esperienza rendendosi disponibile per altre esperienze (quello che in *Gestalt* chiamiamo "vuoto fertile"). Il *cliente* se ne sta andando ed è importante che scopra e riconosca il nutrimento: "Cosa ti porti via?" è la domanda che il *counselor* può porre per agevolare il processo di consapevolezza.

Il *counselor* effettua una verifica, negli ultimi colloqui, del risultato raggiunto facendo considerare al *cliente* di fissare piccoli passi concreti verso obiettivi definiti e verificabili e strategie di mantenimento dei risultati raggiunti. Il compito principale nel concludere una relazione d'aiuto è quello di consolidare ciò che il *cliente* ha appreso, perché possa essere capace di autosostegno. In questa fase del colloquio è bene che il *counselor* eviti di "aprire" nuove aree problematiche ma riporti sempre ad una sintesi che evidenzi risorse, apprendimenti e risultati ottenuti per affrontare eventuali situazioni problematiche che potranno presentarsi una volta che la relazione d'aiuto sia conclusa. Si individuano le potenziali situazioni a rischio, i segnali di un passo indietro e si pianificano le strategie per affrontarle (*ibidem*).

Per alcuni clienti la fine del *counseling* è evocativa di altre perdite, chiusure e traumi che hanno dovuto affrontare in passato. Anche quando i sentimenti dominanti sono di successo e di realizzazione, è possibile che il *cliente* senta un certo grado di apprensione, dispiacere o perdita perché la relazione che l'ha aiutato ad arrivare a questa fase sta ora giungendo alla sua conclusione. Ma la relazione di *counseling* è destinata a finire e il lavoro che il *counselor* e il *cliente* fanno assieme ha lo scopo di non rendere necessario il rapporto tra loro (Hough 1999).

Allora, il *counselor* pianifica la conclusione e i saluti: il *cliente* deve essere portato a conoscenza, negli ultimi 2-3 incontri, che si sta avvicinando la fine del lavoro e lo scioglimento del legame deve essere progressivo. Ciò lo fa guidando il *cliente* in una riflessione su cosa ritiene di aver imparato dall'esperienza fatta e nello sviluppare un progetto comportamentale e di stile di vita attraverso il quale mantenere e sviluppare le conquiste fatte. L'agevolatore, poi, dovrebbe riuscire a salutare il *cliente* in maniera consona ad una relazione professionale piuttosto che personale, con una modalità efficiente e al tempo stesso gentile e amichevole: trascurando questo saluto il professionista potrebbe compromettere una parte della sua influenza nell'aiutare il *cliente* a mantenere i cambiamenti ottenuti.

1.5.4 Il counselor: la persona e il professionista.

1.5.4.1 La personalità del counselor.

Se la *rogersiana* disposizione di base della *autenticità* è un presupposto del *counseling*, allora, per logica, il *counselor deve veramente* accettare incondizionatamente l'altro, essere caloroso e accogliente, sentirsi a proprio agio in compagnia degli altri, sospendere il giudizio quando è con l'altro. In altre parole, quando uno "fa" il *counselor* non può che "esserlo" anche. Quelle qualità, innate o acquisite che siano, devono presto o tardi integrarsi nella personalità della persona che svolge questa professione. Scrive May <<…dal momento che il *counselor* può lavorare attraverso sé stesso … è essenziale che questo sé sia uno strumento efficace (…) la tecnica del trattamento deve essere dentro di voi>> (May 1991, 105).

Alcuni aspetti della vita che la persona intenzionata a fare/essere *counselor* deve valutare e considerare sono: i motivi per cui intende intraprendere l'attività di aiuto, la capacità di sentire empaticamente l'altro, il senso del proprio valore, i propri timori, il rapporto con la sessualità, la consapevolezza dei propri valori e della propria etica, la propria cultura e la consapevolezza di altre culture, gli atteggiamenti nei confronti del concetto di razza, la condizione sociale e gli atteggiamenti nei confronti del concetto di classe. Ciò è impegnativo sotto molti aspetti e richiede il suo tempo, d'altro canto per una relazione efficace lo sviluppo dell'autoconsapevolezza del *counselor* non è teso ad uno stadio ma è un continuo processo e l'occuparsi del proprio autosviluppo e della propria autoconsapevolezza deve diventare una "pratica" continua.

Tutto questo, soprattutto, per non vedere gli altri attraverso i propri pregiudizi che sarebbe il blocco peggiore e più deviante nella personalità del *counselor*. Tendenza che non può essere eliminata del tutto, ma è possibile comprenderla e tenerla sotto controllo. Per questa ragione le varie scuole di psicoterapia insistono perché i candidati si sottopongano a una *analisi* in modo da comprendere ed eliminare in se stessi quanti più complessi possibile (May 1991). Altre "prescrizioni" che lo psicologo statunitense Rollo Reece May assegna al *counselor* sono:

- Il *coraggio dell'imperfezione*, ovvero la capacità di sbagliare e considerare che, in questo ambito, il fallimento o il successo diventano questioni relativamente secondarie.
- Imparare a *godere del processo stesso della vita*, quanto delle mete. Il piacere che ne consegue libera dal bisogno di trovare ulteriori motivazioni alle proprie azioni.
- Essere certi di *avere a cuore il benessere della gente.*

Scrive la Hough: <<Senza renderci conto dei nostri difetti, non sono possibili la vera umiltà e la modestia ed esiste il pericolo che la boria o la presunzione incrinino le relazioni future con i nostri clienti>> (Hough 1999, 19). È attraverso i processi di autoconsapevolezza e autosviluppo che i *counselor* possono costantemente identificare e separare le questioni e i problemi personali da quelli delle altre persone. Ciò rende più "disponibile" il *counselor* fisicamente e mentalmente per il *cliente*, affinché l'attenzione sia focalizzata sui bisogni altrui e non sui propri.

Insomma, la persona che svolge questa professione ha da considerare sé stessa, *in primis*, ma anche il rapporto della propria personalità con la personalità dell'altro e questo *contatto* deve avvenire nel rispetto della libertà e dignità del *cliente*. In altre parole dovrà rendere armonica la relazione fra morale, etica e deontologia: avere coscienza della propria morale, i costumi, gli stili di vita, i comportamenti ed i pensieri umani, con particolare riferimento rispetto a ciò che è considerato "bene" ed a ciò che invece è considerato "male"; cercando di comprendere e definire i criteri in base ai quali è possibile valutare le scelte e le condotte degli individui e dei gruppi.

Il *counselor* nello svolgere la propria attività deve muoversi con molta cautela e attenzione, dunque, e avere conoscenze, abilità e condizioni per offrire servizi efficaci. Questi obblighi formano le basi della pratica etica e deontologica.

1.5.4.2 Principi di etica e deontologia professionale.

La **deontologia** è l'insieme dei valori, principi, regole e consuetudini che ogni gruppo professionale si dà e cui si ispira nell'esercizio della sua professione. Il codice deontologico stabilisce le concrete regole di condotta che devono essere rispettate nell'esercizio di una specifica attività professionale. Ad esse il gruppo professionale affida la tutela del proprio sistema etico complessivo. Lo scopo è quello di tutelare la categoria professionale e di garantire il ben-essere del *cliente* (Giannella 2009).

Gli ambiti regolamentati dal codice deontologico sono (Antonaroli, Mecozzi, Foti 2003):

- Il segreto professionale.
- La relazione *counselor – cliente.*
- Gli accordi contrattuali.
- La formazione.
- La supervisione.
- La tutela del *cliente* e della società.
- La pubblicità.
- Il rapporto con gli altri operatori e/o istituzioni.

I *counselor* si ispirano a i seguenti **principi morali** delle relazioni d'aiuto.

1. Il rispetto per l'autonomia: rafforzare l'autodeterminazione del *cliente.*
2. Offrire un beneficio: dare un buon servizio attivandosi per promuovere la salute del *cliente.*
3. Non fare qualcosa di dannoso: evitare di fare del male.
4. La giustizia: essere imparziali rispetto a tutte le parti interessate a risolvere il problema.
5. La fiducia: essere rispettoso del contratto fatto con il *cliente* e su quello che si è detto rispetto alle possibilità del *counseling.*

Un metodi di verifica del modo di operare eticamente è il cosiddetto metodo di verifica del rispetto delle 3 C: competenza, contratto, confini.

La ***competenza*** è l'ambito di espressione della propria professionalità; è ciò che spetta a chi ha la capacità, la preparazione e l'esperienza per fare una attività. Per un *counselor* significa operare mantenendo uno standard adeguato e fornire servizi e tecniche per le quali ha una specifica qualifica. Il ***contratto*** professionale di *counseling* è l'accordo tra professionista e *cliente* da cui derivano reciproci diritti e doveri. Il contratto ha effetti giuridici anche se non è necessaria, secondo la legge, una forma scritta. Il ***confine*** è la linea di demarcazione dove finiamo noi e iniziano gli altri, e permette il riconoscimento dell'unicità della persona. Rispettare i confini significa mantenere i parametri della relazione in una dimensione che permetta sia al *counselor* che al *cliente* di sentirsi sicuri, spontanei e liberi nel rapporto instaurato.

La relazione *counselor-cliente* è una relazione unica ed irripetibile che richiede da parte dell'agevolatore rispetto, accettazione, calore, autenticità. Lo scopo è di aiutare il *cliente* a recuperare il proprio ben-essere rispettandone le opinioni, i valori, i diritti inalienabili quali la libertà e l'indipendenza. La relazione di aiuto è *asimmetrica*: l'agevolatore si trova sempre in una posizione di potere emotivo e di influenzamento nei confronti del *cliente*. È importante non sommare altri tipi di rapporti tra *counselor* e *cliente* che comportano una diminuzione della libertà del *cliente* e uno scadere della figura dell'operatore del benessere.

Un grande problema etico è l'abuso che può fare il *counselor* di questa sua posizione nella asimmetria della relazione soprattutto in termini di **abuso sessuale e molestie**. Il profilo a rischio può avere alcune di queste caratteristiche:

- mancanza di relazioni soddisfacenti;
- incapacità di distinguere il controtransfert erotizzato;
- attraversamento di un periodo di sofferenza;
- sopravvalutazione delle proprie capacità;
- desiderio di potere e controllo,
- psicopatie e disturbi della personalità.

I segnali di allarme possono essere una graduale erosione dei confini del *setting*, l'aumento del numero delle sedute e prolungamento indebito del trattamento, una conversazione che si fa più personale, la riduzione dell'onorario e la creazione di relazioni parallele (ad esempio, il professionista cerca di diventare amico o socio del *cliente*, comincia a dare informazioni sulla propria vita personale, ecc.).

Della gestione e utilità del **contatto fisico** ne abbia già parlato diverse volte. In ogni caso, presupposti per un uso etico del contatto fisico sono:

- Formazione professionale specifica.
- Aver stabilito una fiducia di base con il *cliente*.
- Chiedere il consenso del *cliente* al contatto fisico.
- Verificare che il *cliente* sia in grado di rifiutare il contatto.
- Avere tempo sufficiente.
- Osservare il C.N.V. del *cliente*.
- Chiedere il feedback a fine contatto.

Il *counselor* è tenuto al **segreto professionale** e al **rispetto della Privacy** in base alle norme vigenti. Questo vale soprattutto per il *counselor* clinico che riceve confidenze anche intime da parte del *cliente*. La riservatezza deve riguardare sia i contenuti sia l'esistenza della prestazione stessa. Per il *cliente* minorenne vale il diritto alla riservatezza nei confronti di chi esercita la potestà genitoriale. Il *counselor* è tenuto a conservare in posti sicuri e non accessibili ad altri tutto il materiale che riguardi il *cliente*. Sono tenute al segreto professionale tutte le persone in contatto con il *counselor* che hanno accesso ad informazioni sul *cliente*. Il segreto professionale può essere rivelato:

- Consenso scritto da parte del *cliente*.
- Cause di forza maggiore, ad esempio quando il segreto a giudizio del *counselor*, può creare un rischio o danno grave per l'integrità psicofisica del *cliente* o di terzi.
- Su richiesta del giudice in caso di processo.

L'importanza della regola del segreto professionale si basa sul diritto del *cliente* ad avere fiducia nel *counselor* e fonda l'efficacia della relazione di aiuto.

CAPITOLO 2. LA PROGRAMMAZIONE NEUROLINGUISTICA.

> <<La *PNL* è democratica, alla portata di tutti, insegnabile a tutti. La sua essenza è il modellamento di terapeuti e comunicatori di straordinaria efficacia. La *PNL*, a differenza della psicoanalisi, è uno strumento operativo, semplice da comprendere, libero da contenuti. Non descrive come è fatto un essere umano e nemmeno come dovrebbe essere fatto per stare bene, ammesso che sia possibile. La *PNL* non può contare sul fascino del mistero, come fa la psicoanalisi. Forse, per compensare la mancanza di aristocrazia ed esoterismo, cade spesso nella tentazione dei miracoli e della guarigione istantanea. Oppure cade nella tentazione del business e dei soldi, che sono la cosa *piennelisticamente* più libera da contenuti mai creata dall'essere umano. Non conosco simbolo più neutro e universale di una banconota da cento dollari. Puoi scambiarla con un telefonino, una dose di cocaina o qualunque altra cosa, compresa una prestazione sessuale.
>
> Così, la *PNL*, nata dalle migliori intenzioni, si è spesso pervertita al servizio delle peggiori.>> (Scardovelli 2013,57).

Parte da qui questo compendio sulla *Programmazione Neurolinguistica* (*PNL*) e sul suo rapporto con il *Counseling Umanistico Integrato*. Dalla citazione di un autore[23] che, a suo modo, oltre a definire questa materia già di per sé ricca di definizioni, riconosce, in maniera che non lascia scampo a interpretazioni, uno degli aspetti negativi di questo *strumento* ossia che, proprio per essere tale, cioè un mezzo, e spesso efficace, è stato utilizzato non di rado per fini poco umanistici, di business e manipolatori, non più per contribuire alla soluzione dei problemi umani, tradendo l'intento originario dei suoi padri ispiratori, in primo luogo Erickson e Bateson[24].

---

[23] Mauro Scardovelli, musicista, psicoterapeuta, autore e ricercatore, è stato docente di Diritto Pubblico presso l'Università di Genova, dirige la scuola Aleph PNL Umanistica.

[24] Milton Erickson, psichiatra e ipnoterapeuta, Gregory Bateson, antropologo e filosofo, entrambi statunitensi.

2.1 STORIA E DEFINIZIONE.

Sono molte le storie che narrano degli esatti eventi che portarono alla nascita della *PNL*. Quel che sappiamo per certo è che, all'inizio degli anni '70, Richard Bandler si mise a studiare i terapeuti che in quel momento, in California risultavano più efficaci. Presto si ritrovò a collaborare con John Grinder, col quale fondò la disciplina oggi nota come *Programmazione Neuro-Linguistica*. Insieme iniziarono con lo studiare Virginia Satir[25], Fritz Perls e Milton Erickson. Questo studio si svolgeva sotto la guida di un celebre antropologo: Gregory Bateson (Bandler, Fitzpatrick 2006).

Pertanto, si ritengono i co-fondatori della *PNL* Richard Bandler, laureato in psicologia appassionato di matematica e informatica che in quegli anni cominciò a dedicarsi al lavoro degli psicoterapeuti suddetti che ottenevano risultati particolarmente efficaci, per scoprire il loro modello comportamentale e codificare le loro strategie, e John Grinder, linguista accademico, che diede il suo contributo per estrapolare i loro modelli linguistici. Dicono i due durante un seminario del 1978: <<Noi ci definiamo *modellatori*. Quel che facciamo, fondamentalmente, consiste nel prestare scarsissima attenzione a quel che la persona *dice* di fare, e moltissima attenzione a quello che *fa*. Quindi ci costruiamo un modello di quel che *fa*. Non siamo psicologi, e non siamo nemmeno teorici o teologi. Non abbiamo *nessuna* idea "reale" della natura delle cose, e non siamo particolarmente interessati alla "verità". La funzione della modellatura è di arrivare a descrizioni *utili*. E di conseguenza se ci capita di dire qualcosa che in base ai risultati di qualche studio scientifico o di qualche statistica vi risulta inesatto, rendetevi conto che in questa sede vi si propone un livello diverso di esperienza. Non vi vogliamo proporre cose *vere*, ma soltanto cose *utili*.>> (Bandler, Grinder 1980, 17).

Se per molti versi le tecniche di *PNL* possono sembrare scollegate fra loro e non aver criteri comuni alla loro base, così come anche i loro ideatori e testimonial e i numerosissimi testi sull'argomento, in effetti, tutti sono legati insieme dai così detti "*presupposti della PNL*". Sono una sorta di

[25] Psicologa statunitense conosciuta per i suoi studi e per la pratica clinica della terapia familiare

assiomi, principi e idee di base ai quali chi voglia mettere in pratica la *PNL* "deve" credere, altrimenti, effettivamente, la parte pratica non risulta avere un senso. E uno di questi è proprio: ***concentrarsi su ciò che ci è utile nel qui ed ora, è più importante che stabilire ciò che è giusto e ciò che è sbagliato****.

A questi, in seguito, si unirono in un gruppo di ricerca anche Leslie Cameron, Judith De Lozier, Robert Dilts, David Gordon e altri, tutti ispirati dalle idee di Korzibsky[26], Chomsky[27] e Bateson. Svilupparono una serie di strumenti, adatti a riconoscere la struttura dell'esperienza soggettiva, e tecniche di modificazione del comportamento utilizzabile da chiunque sia impegnato in attività che coinvolgono le capacità di comunicazione. L'aver attinto da vari campi come la psicologia, la linguistica e la cibernetica, ha portato la *PNL* a costruire modelli sempre più raffinati nel tempo, che rispondono ai criteri di efficacia, della riproducibilità e del risparmio del tempo (Granata 2007). A partire dalla seconda metà degli anni '80 fu però Anthony Robbins, formatore *americanissimo* di successo, esperto di *self help*, a divulgare nel mondo e al vasto pubblico la *PNL*, con seminari e pubblicando "Unlimited Power" del 1986.

Nel 1980 infatti Bandler, Grinder ed altri scrivono il primo libro intitolato proprio con il nome "Neurolinguistic Programming" e illustrano l'acronimo *N.L.P.* in questo modo: <<"**Neuro**" (dal greco *neuron*, nervo) sta a indicare il postulato fondamentale secondo cui ogni comportamento risulta da processi neurologici. "**Linguistica**" (dal latino *lingua*) indica che è attraverso il linguaggio e i sistemi di comunicazione che i processi neurali vengono rappresentati, ordinati e disposti in sequenza a formare modelli e strategie. "**Programmazione**" si riferisce al processo di organizzazione delle componenti di un sistema (in questo caso le rappresentazioni sensoriali) allo scopo di raggiungere risultati specifici.>> (Dilts, Grinder, Bandler, Bandler, DeLozier 1982).

---

[26] Ingegnere, filosofo e matematico polacco.

[27] Linguista, filosofo, teorico della comunicazione e anarchico statunitense

Il termine "programmazione" deriva dal mondo dell'informatica e dell'elaborazione dati (vedi gli studi di Bandler). È stato scelto in base al presupposto secondo il quale il modo in cui le nostre esperienze sono immagazzinate, codificate e trasformate è simile a quello che gira il software di un computer. Cancellando aggiornando o installando il nostro software mentale, possiamo cambiare il modo in cui pensiamo, e conseguentemente quello in cui agiamo. "Neuro" si riferisce alla struttura neurologica, ovvero i modi in cui elaboriamo le informazioni raccolte dai nostri cinque sensi tramite il cervello e il sistema nervoso. Infine, "linguistica" si riferisce all'uso dei sistemi di linguaggio (non solo le parole, ma tutti i sistemi di simboli, compresi la gestualità e le posizioni del corpo) per codificare, organizzare e attribuire significato alle nostre rappresentazioni interiori del mondo, oltre che per comunicare internamente e esternamente (Bavister, Vickers 2013).

La *PNL* si occupa di studiare come modificare (programmazione) il modo in cui rappresentiamo le nostre esperienze attraverso la neurologia (neuro), così da poter comunicare più efficacemente con noi stessi e gli altri (linguistica). Di come il linguaggio, sia verbale che non verbale, influisca sul nostro sistema nervoso. La nostra capacità di fare alcunché nella vita si basa sulla capacità di governare il sistema nervoso. Coloro i quali riescono a ottenere risultati eccezionali, lo fanno producendo specifiche comunicazioni con e attraverso il sistema nervoso (Robbins 1987).

Inizialmente, però, prima ancora che fosse coniato il nome *Programmazione Neurolinguistica*, si parlava di una *teoria del modellamento.* Ciò che Bandler e Grinder sostenevano era che i pazienti di Freud, Erickson, Satir, Perls non guarissero per quel che essi *dicevano* ma per *come facevano quel che facevano* (Bandler, Grinder 1980). Si domandarono, cioè, cosa essi facessero di così "*magico*" che altri colleghi, pur seguendo le stesse prassi e linee teoriche, non riuscivano a fare e ad ottenere. Da lì il nome della loro prima opera letteraria "La struttura della magia"[28], fondata sul *metamodello* di cui esporremo a breve, e in cui si legge: <<Perls non era, e più sicuramente

[28] Il libro originale, poi tradotto in italiano in un unico testo, effettivamente fu pubblicato in due volumi "The structure of magic I" Bandler e Grinder, 1975, e in seguito "The structure of magic II" Grinder & Bandler, 1976.

non è, l’unico terapeuta che si presenti con un siffatto potere di magia. Virginia Satir e altri che conosciamo sembrano possedere anch’essi queste facoltà magiche. Negare una capacità del genere, o etichettarla semplicemente come talento, intuizione o genio, equivale a limitare la propria potenzialità di aiutare gli altri (…) In questo libro vogliamo mostrare che la loro magia – al pari di altre attività umane complesse, come dipingere, comporre musica o mandare un uomo sulla luna – ha una struttura e pertanto può essere appresa, dati i mezzi appropriati>> (Bandler, Grinder 1981, 24).

Dunque, in principio, la *PNL* non era ancora la … *PNL*, ma la pratica e la divulgazione di quanto scritto ne “La struttura della magia” come supporto a chi apprendeva o svolgeva psicoterapia. Il volume introduceva il primo modello della *PNL*, il “*metamodello*”: dodici schemi linguistici distillati dal modellamento condotto su Perls, Erickson e la Satir. “Modellare” dunque nel gergo della *PNL* vuol dire copiare ed estrarre, da una persona efficace in qualche ambito, la sua strategia, la struttura che sottende (*meta*) a ciò che fa, come lo fa piuttosto che quel che fa e apprendere quei comportamenti: è il cosiddetto ***modeling***.

La vera novità che introdussero Bandler e Grinder nel panorama delle neuroscienze fu, quindi, il *metamodello*. Subito dopo, a questa si aggiunsero l’”*uso delle submodalità*” e i “*sistemi oculari*”, che approfondiremo più avanti, che consentivano in modo semplice e rapido di modificare comportamenti e stati d’animo potendo riconoscere altri segnali della CNV e agendo sull’influenza che hanno i sensi sulla rappresentazione interna/mentale della realtà, dei ricordi e del futuro immaginato. Tutto ciò che seguì, in effetti, consisteva in modelli e schemi di comportamento (*patterns*) “modellati” da persone e approcci efficaci: per così dire, nessuna nuova scoperta, ma “solo” idee e azioni che in diversi contesti avevano ottenuto successo. E, con questo spirito, ancora oggi è quanto avviene, in un processo che non ha apparenti ragioni di esaurirsi.

Molti di coloro i quali hanno poi collaborato, scritto o semplicemente sostenuto dei training con Bandler e Grinder prima, Dilts, Hall, ecc. dopo, hanno creato dei modelli e delle pratiche che hanno annoverato sotto lo stesso grande nome ed etichetta: la *PNL*. E ciò, non senza divergenze e scontri: gli stessi due co-fondatori si sono denunciati a vicenda per questioni di copyright. Negli anni, le associazioni, persone e aziende che rilasciano certificati di "*nlp practitioner*", "*nlp master practitioner*" e "*nlp master trainer*" sono spuntate come funghi. Sfortunatamente, molte persone non sembrano utilizzare la *PNL* nei modi che i suoi fondatori avevano inizialmente immaginato. Invece di condividere le proprie idee e contribuire così all'aumento della qualità della vita su questo pianeta, alcuni la usano nel tentativo di essere riveriti o di passare per santoni. Prendono idee semplici e le complicano. Alcuni hanno addirittura cercato di far passare le tecniche che utilizzano per modelli creativi o per nuove discipline, quando non lo sono (Bandler, Fitzpatrick 2006).

In ogni caso, ciò non deve sorprendere perché le ragioni per cui la *PNL* è destinata a critiche e a non essere inquadrata né come scienza, né come branca della psicologia, né come teoria, sono molte, fondate e alcune delle quali scritte nel suo stesso *DNA* cioè nelle sue stesse idee fondanti. Eccone alcune:

1. La *PNL* annovera fra i suoi presupposti e modelli tutti quelli che, frutto di altre discipline, in un dato contesto e in un dato momento hanno dato risultati eccellenti.
2. La *PNL* usa un linguaggio semplice e si fonda soprattutto sulla sperimentazione pratica di tecniche e su una serie di "presupposti", molti dei quali sono citazioni, aforismi, idee di altre discipline, ecc.
3. Per sua stessa concezione, ammette che le pratiche e le tecniche hanno funzionato per alcuni (in genere per chi ha ottenuto risultati positivi) ma non per tutti.
4. Non c'è asserzione che abbia fondamenti scientifici. È uno degli stessi presupposti della *PNL* che invita a non cercare ciò che è vero, ma ciò che è utile.

Come disse Bandler durante un seminario (Roma, 25 maggio 2014) alla nostra presenza:

<<Ascoltate tutto quanto dirò. Ma non credete a niente di quanto dirò! Provatelo! Se vi serve e funziona bene, altrimenti… gettatelo dalla finestra!>>

2.2 I PRESUPPOSTI DELLA PNL.

La *PNL* attribuisce un grande valore alla *metafora* come strumento linguistico per una comunicazione efficace, per un più rapido apprendimento e come supporto al cambiamento.

La nostra personale definizione allora è la seguente: <<Immaginate che su un vassoio ci siano del pane, del burro, della marmellata, della granella di nocciole ed un coltello. Sul vassoio, che rappresenta il piano delle relazioni umane, ci sono gli alimenti che possono nutrire le persone. Questi possono rappresentare le diverse filosofie psicologiche e i diversi approcci: la *gestalt*, la *psicosintesi*, il *counseling*, ecc. Ad ognuno piace uno o più alimenti e questi si possono mangiare insieme o separatamente. Qualcuno potrebbe anche avere delle intolleranze a un certo alimento. La *PNL* è quel coltello. Ci si può affettare il pane, spalmare il burro, raccogliere le granelle, ecc. Ma ci si può anche ferire e far male. Il coltello non è un alimento che nutre. È un oggetto che può essere funzionale ad uno o più scopi>>.

Vedremo in seguito come per questo suo essere uno strumento e non una teoria, la *PNL* viene detta "disciplina non content", proprio per una sua mancanza di contenuto. Sebbene abbia origini nella relazione d'aiuto e nei lavori terapeutici di Perls, Satir ed Erickson, la *PNL* può funzionare per accrescere il benessere di una persona oppure anche fare il contrario. Ciò non dipende dalla tecnica, ma da chi "ha in mano il coltello".

La *PNL* è un insieme di tecniche e modelli che possono essere utili se si fanno proprie delle *convinzioni*. Queste sono chiamate *presupposti della PNL* e, di seguito, elencheremo quelle che abbiamo raccolto in letteratura. Di queste, illustreremo via via nei paragrafi successivi quelle che hanno attinenza con gli argomenti trattati, e il lettore le troverà evidenziate con carattere in grassetto e segnalate da due asterischi, uno all'inizio e l'altro alla fine della frase, come in questo esempio: ***non esiste fallimento, ma solo feedback***.

Le tecniche "funzionano" per alcuni e in alcuni contesti: certamente, non danno risultati se non si crede a questi presupposti.

1) Concentrarsi su ciò che ci è utile nel qui ed ora, è più importante che stabilire ciò che è giusto e ciò che è sbagliato.
2) Non esiste fallimento ma solo feedback.
3) Alla base di ogni comportamento vi è un'intenzione positiva.
4) Se quello che stai facendo non funziona fai qualcosa di diverso.
5) L'esperienza ha una sua struttura.
6) La mappa non è il territorio.
7) Ciascuno vive all'interno del proprio personale modello del mondo.
8) Le persone fanno sempre la migliore scelta a loro disposizione.
9) Avere possibilità di scelta è meglio che non averne.
10) Più una persona è flessibile più è probabile che ottenga ciò che desidera.
11) Le persone funzionano alla perfezione.
12) Abbiamo dentro di noi le risorse per ottenere ciò che desideriamo.
13) Se un'emozione la vedi nell'altro, ce l'hai anche tu.
14) Non si può non comunicare.
15) In ogni comunicazione esiste un aspetto di contenuto e uno di relazione.
16) Comunicare bene vuol dire assicurarsi che il significato percepito è ciò che si voleva comunicare.
17) Parla semplice e diretto.
18) Il significato di una comunicazione è nella reazione che si ottiene.
19) Per capire bene l'altro è preferibile incontrarlo sul suo terreno.
20) Il livello inconscio della comunicazione è il più importante.
21) Se una persona è in grado di fare una cosa, chiunque può imparare a farla.
22) Mente e corpo sono un unico sistema.
23) Il quadro nel quale una situazione è percepita determina il significato che le si attribuisce.
24) L'energia va dove va l'attenzione.

Con la nostra metafora, questi presupposti sono riconducibili alle caratteristiche del coltello. Questo, può svolgere certe funzioni solo se risponde a determinati requisiti: materiale, maneggevolezza, affilatura della lama, ecc. Senza i *presupposti* qualunque sia lo scopo per cui viene utilizzata la *PNL* non risulterà funzionale.

2.3 LA COMUNICAZIONE COME SUPPORTO PER IL CAMBIAMENTO.

Che lo si voglia o no, dal momento che esistiamo, siamo strutturati per ricevere stimoli da ciò che ci circonda e per influenzare tutto ciò che è intorno a noi, cose, avvenimenti, persone. Siamo immersi in una realtà dove ogni nostra percezione è l'innesco per una micro-trasformazione interiore e dove ogni nostro comportamento ci pone in relazione con qualcosa che ne viene trasformato. Questo scambio è comunicazione. Se noi percepiamo qualcosa, proviene da una fonte, se noi esprimiamo qualcosa, questa da qualche parte arriverà. In modo ancora più completo possiamo asserire che ogni comportamento è comunicazione, così come ogni comunicazione è un comportamento, che lo si voglia o no. E noi comunichiamo di continuo. Come già detto, il comportamento comunicativo non ha il suo contrario: ogni comportamento, verbale o non verbale che sia, è una comunicazione. ***Non si può non comunicare*** (Spalletta Giordano 2006, Granata 2007, Bidot Morat 2010, Jenner 2012).

Come anticipato a proposito del *feedback* il processo di comunicazione è una funzione ricorsiva, in cui la risposta influenza la successiva emissione. In materia di comunicazione efficace, il risultato è più importante dell'intenzione. È dunque la reazione che il nostro messaggio scatena nell'altro a informarci in modo più sicuro dell'efficacia della nostra comunicazione. ***Il significato di una comunicazione è nella reazione che si ottiene***. Ciò sia perché le nostre comunicazioni sono veicolate attraverso i personali filtri percettivi degli altri e sia perché la nostra comunicazione potrebbe non essere "chiara" quanto crediamo (da qui l'ulteriore presupposto ***parla semplice e diretto***). Il grande valore di questa presupposizione è che qualsiasi cosa stia succedendo siamo obbligati a prenderci la responsabilità delle nostre comunicazioni, il che significa che non si può dare all'altro la colpa perché non ascolta o reagisce "nel modo sbagliato".

Assumersi la responsabilità del risultato della propria comunicazione significa fare tesoro delle informazioni di ritorno e cioè del *feedback*. ***Comunicare efficacemente vuol dire assicurarsi che il significato percepito è ciò che si voleva comunicare*** (*ibidem*). Carl

Rogers, la cui tecnica terapeutica poggiava essenzialmente sulla riformulazione dei discorsi dei pazienti in terapia, sosteneva di fare di tutto per non influenzarli nelle loro scelte. Fu tuttavia "preso in trappola" dalla telecamera: una paziente gli esponeva due soluzioni di un problema tra le quali esitava. Rogers riformulò il suo discorso, ma vi associò inconsciamente un gesto delle mani: agitò la mano destra evocando la soluzione "A", poi la sinistra evocando la soluzione "B"; terminò quindi la conversazione dicendo pressappoco così: <<Non so che cosa lei farà, ma sono sicuro che saprà trovare la migliore delle due soluzioni>>… *agitando la mano sinistra.* Quando, alla seduta seguente, la paziente gli annunciò la sua preferenza per la seconda soluzione, fu necessario ricordare a Carl Rogers il suo comportamento gestuale nella seduta precedente perché prendesse coscienza dell'influenza che esercitava sulla paziente, e questo nonostante ciò non fosse nelle sue intenzioni! (Bidot Morat 2010, 17). Nell'esempio di Rogers, il terapeuta ha comunicato involontariamente la propria scelta di soluzione alla *cliente*. Ciò richiama un altro dei presupposti: **_*il livello inconscio della comunicazione è il più importante*_**. Questo è quanto abbiamo già detto a proposito dei livelli della comunicazione e di come sia il cervello inconscio ad avere maggior influenza sulla comunicazione non verbale.

*In ogni comunicazione esiste un aspetto di contenuto e uno di relazione*, dove il contenuto è l'informazione neutra, il "cosa si comunica"; la relazione definisce quale rapporto ci sia tra i comunicanti, "come si comunica". Il contenuto è percepito a livello consapevole, la relazione molto spesso è percepita a livello inconsapevole e, dunque, è preponderante (Granata 2007). Anche di questo abbiamo già detto parlando della *congruenza* dei tre canali della comunicazione. E una stessa frase, le stesse parole, lo stesso messaggio/contenuto verbale, può assumere asseconda della CNV e del contesto, diversi significati che determinano il tipo di relazione.

Altro presupposto funzionale a molte delle pratiche della *PNL* è **_*non esiste fallimento ma solo feedback*_**, per cui, un po' come fanno i bambini ancor privi del senso di fallimento, non bisognerebbe rinunciare quando non si ottiene subito un risultato, ma riprovare eliminando ciò che non ha funzionato, cosa che potrebbe far scoprire ciò che è efficace. Si richiama la storia di Thomas Edison che utilizzò questo approccio e che invece di considerare ogni tentativo mancato come un fallimento, lo vedeva come un successo conseguito nel restringere il campo ed eliminare soluzioni non efficaci. Più "fallimenti" si sperimentano più si impara.

Questo presupposto unito a quello della responsabilità dell'esito di una comunicazione, dà luogo ad un altro ovvero ***per capire bene l'altro è preferibile incontrarlo sul suo terreno*** (Jenner 2012, Bavister Vickers 2013). Poiché siamo noi ad avere tutto l'interesse di una comunicazione efficace, dobbiamo essere noi ad impegnarci e accettare di uscire dalla propria visione del mondo e adottare quella del nostro interlocutore. È ciò che avviene quando si stabilisce il *rapport*, come vedremo in seguito, quando si applica la *riformulazione*, quando si costruisce l'*alleanza operativa*, ecc. Naturalmente, incontrare l'altro sul suo terreno, ha in sé un altro presupposto che è alla radice stessa della *PNL*: ***la mappa non è il territorio***.

Questa metafora, attribuita a Korzybski, in realtà è un'idea di fondo molto antica: ciascuno attinge informazioni sul suo ambiente circostante per tutta la vita e si fa nella sua testa un'idea del mondo, una "carta" sulla quale traccia i suoi progetti, cerca ciò che gli si dice, identifica ciò che vede, sente o prova. Traccia una *realtà interiore* che non è la *realtà esteriore*, così come una mappa non è il territorio che rappresenta (Bidot Morat 2010, Jenner 2012). Approfondiremo questo concetto, da cui trae ragion d'essere il *metamodello*, analizzando quali sono i processi che svolgiamo nel rappresentarci la nostra mappa e quali sono i filtri che determinano lo "scarto" fra mappa e territorio.

In ogni caso, un comunicatore efficace, dunque, conscio di questo, sa che ***ciascuno vive all'interno del proprio personale modello del mondo*** e che le altre persone non pensano esattamente come noi, i modi in cui gli individui si comportano e pensano sono diversi e variegati: spesso le persone sono in disaccordo perché le loro mappe sono differenti, anche se ciascuna a suo modo è valida (Bavister, Vickers 2013).

A nostro modo di vedere, è normale trovare numerosi elementi che sono alla base delle abilità di un *counselor* e, in effetti, abbiamo anche citato, ad esempio, concetti quali l'*alleanza operativa* e la *riformulazione*. Ma una osservazione basti per tutte a trovare un legame molto forte con le stesse disposizioni di base *rogersiane*: accettare l'idea che *la mappa non è il territorio* e che *ognuno vive all'interno del suo modello del mondo* vuol dire predisporsi naturalmente ad accettare in maniera incondizionata l'altro. Ciò che ci porta il *cliente* è la sua mappa, disegnata a partire dai suoi sensi, dalle sue esperienze, dai suoi valori, ecc. e, dunque, ogni nostro giudizio o pregiudizio non avrebbe senso perché generati in seno alla nostra di mappa.

2.4 I LIVELLI LOGICI O DI PENSIERO.

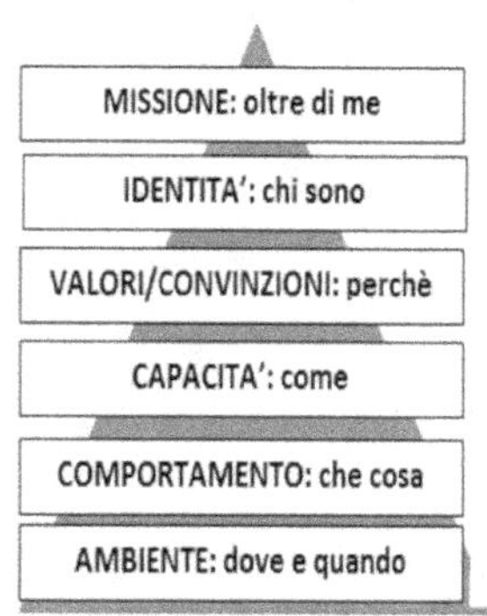

La nozione di *livelli logici* che Robert Dilts ha tratto e ampliato dagli studi dell'antropologo Gregory Bateson, si riferisce al fatto che alcuni sistemi, processi e fenomeni vengono creati dalle *relazioni* tra altri sistemi, processi e fenomeni. Ad esempio, un *counselor* svolge la sua attività in un determinato *contesto* (sistema o livello più basso) ovvero in un certo *setting*, in una certa relazione, in una comunità, in un gruppo, ecc. In questo contesto il *counselor* compie una serie di *azioni* (sistema), quali accoglie, presenta, riformula, osserva il *cliente*, prepara le sedie, ecc. Il modo di compiere certe azioni, d'altro canto, determina le sue *abilità* (sistema) per cui risulterà più o meno accogliente, caloroso, empatico, efficace, ecc. Come a dire che ogni sistema è un sottosistema contenuto in un altro sistema, che è contenuto in un altro sistema e così via.

Secondo questo modello ogni esperienza (in riferimento ad una persona, a un gruppo, ad una azienda, ecc.) può essere analizzata ponendosi alcune domande, quali:

- ⇩ Io chi sono/penso di essere qui e ora? La risposta definisce l'*identità*.
- ⇩ Perché lo faccio/Che cos'è importante per me qui e ora? La risposta definisce i *valori*.
- ⇩ Perché lo faccio/Di cosa sono convinto? La risposta definisce le *convinzioni*.
- ⇩ Come lo faccio? La risposta definisce le *abilità, capacità, risorse*.
- ⇩ Cosa faccio? La risposta definisce il *comportamento*.
- ⇩ Dove sono (luogo, tempo, con chi)? La risposta definisce il *contesto, ambiente*.

E dunque ogni esperienza può essere scomposta a diversi livelli profondamente collegati. Un cambiamento a un livello può produrre cambiamenti a livelli diversi (Granata 2007). In seguito, Dilts aggiunse un sesto livello, quello dello *scopo*, talvolta chiamato *spirituale* o *mission*. Per quanto il termine possa avere una connotazione religiosa, in questo modello fa riferimento rispondendo alla domanda <<per chi, per cosa lo faccio?>>, ai sistemi più ampi di cui facciamo parte. È quello che in una azienda, ad esempio, è chiamato il livello della *mission* aziendale. Capire il nostro livello spirituale significa capire le interconnessioni tra noi e questi sistemi (la famiglia, il matrimonio o la relazione col partner, la nostra squadra, la comunità, la nostra azienda, il nostro credo, l'umanità, ecc.) (Knight 2009).

Secondo Bateson il legame fra questi sistemi è gerarchico, da qui il nome *livelli*, e la funzione di ognuno di questi livelli è quella di sintetizzare, organizzare e dirigere le interazioni sul livello sottostante. Un cambiamento che si realizza ad un livello più alto si "irradia" necessariamente verso il basso, determinandosi anche ai livelli sottostanti. Cambiare qualcosa ad un livello più basso potrebbe (anche se non necessariamente) influenzare i livelli più alti (Dilts 2003).

Le regole per cambiare qualcosa a un livello differiscono da quelle per ottenere un cambiamento a un livello inferiore. Cambiare qualcosa a un livello inferiore *può,* ma non necessariamente, influenzare i livelli superiori. Ma cambiare qualcosa ai livelli superiori si farà sentire *sempre* nei livelli inferiori come una cascata, in cui il livello superiore scendendo colpisce sempre quello inferiore. Nel modello dei livelli neurologici, se si cambia quello in cui si crede, si tenderà a cambiare quello che si fa. Al contrario, un cambiamento nel comportamento probabilmente non durerà, a meno che qualche convinzione o valore (cioè, un livello superiore) non sostenga il nuovo comportamento (Adler, Heather 2007).

Dunque, il modo in cui si pensa a se stessi, ad esempio, a livelli più alti (identità, convinzioni) avrà delle ripercussioni su tutti i livelli sottostanti. Al contrario, non è detto che un cambiamento nel proprio modo di comportarsi determini un cambiamento corrispondente ai livelli superiori (Knight 2009). Come a dire che se un *cliente* si rivolge ad un *counselor* con la richiesta di voler dimagrire, che ciò gli risulta difficile e che vorrebbe impegnarsi in una dieta, potrà seguire tutti i tipi di diete dimagranti possibili (*comportamento*) ma se non è convinto di riuscirci o che non è il momento giusto o, ancora, se è convinto di essere più simpatico, "visto" e amato così com'è, con i suoi chili di troppo e le sue attraenti guance morbide, allora nel medio/lungo termine il cambiamento non avverrà, perché la sua idea di non riuscirci (*convinzione*) è ad un livello superiore.

Pertanto, in base a questo modello i cambiamenti funzionano quando si va verso un *allineamento* dei livelli di pensiero, cioè quando c'è congruenza fra tutti i sottosistemi, ogni parte dell'intera persona o gruppo di persone vanno nella stessa direzione. Un cattivo allineamento interno può causare un conflitto interno fra i diversi livelli della mente, il cambiamento personale duraturo richiede la comprensione e l'allineamento di questi differenti livelli della mente (Adler, Heather 2007).

Questo modello può aiutare l'agevolatore per:

- Identificare e chiarire il tema o problema del *cliente*.
- Identificare il livello più influente per effettuare i cambiamenti.
- Capire meglio sé stessi, i propri obiettivi e le motivazioni.
- Chiarire o stabilire lo scopo in ciò che si fa.

Inoltre, nell'ambito della comunicazione efficace, questo modello e il suo schema rendono ancor più chiaro la differenza di impatto che hanno frasi, critiche e giudizi rivolti all'identità piuttosto che al comportamento. Ancora, a proposito di comunicazione, osservando il triangolo in figura si noti che le persone tanto meno si conoscono e hanno confidenza tanto più parleranno di "cose" che riguardano i livelli più bassi (le conversazioni *da ascensore*) e, man mano che cresce la confidenza o con il tempo, si giunge a parlare, poco e con pochi, dei livelli più alti. La superficie del triangolo sta ad indicare anche quanto tempo si passa a parlare dei rispettivi livelli.

2.5 LA RAPPRESENTAZIONE DEL MONDO, I FILTRI, IL METAMODELLO.

Ne "La struttura della magia" i due autori scrivono: <<Quando la funzione logica interviene, muta il dato e lo allontana dalla realtà (…) vi è un irriducibile differenza tra il mondo e l'esperienza che ne abbiamo. Noi esseri umani non agiamo direttamente sul mondo. Ciascuno di noi crea una rappresentazione del mondo in cui vive; creiamo cioè una mappa o modello, che usiamo per originare il nostro comportamento. La nostra rappresentazione del mondo determina in larga misura l'esperienza del mondo che avremo, il modo in cui lo percepiremo, le scelte che ci sembreranno disponibili vivendoci dentro. Non vi sono due esseri umani che abbiano le stesse esperienze. Il modello che ci creiamo per dirigerci nel mondo si fonda in parte sulle nostre esperienze. Quindi ciascuno di noi si può creare un diverso modello del mondo che condividiamo e giungere così a vivere in una realtà alquanto diversa.>> (Bandler, Grinder 1981, 24-25).

2.5.1 La struttura della mappa.

> <<…occorre notare importanti caratteristiche delle mappe. La mappa non è il territorio che essa rappresenta, ma, se è esatta, ha una struttura simile a quella del territorio, che ne spiega l'utilità.>> (Korzybski A., (1958), *Science & Sanity*, 58-60)[29].

L'individuo vive immerso in un mondo che è "altro da sé" e si trova investito da una quantità enorme di informazioni. Queste pervengono al cervello attraverso stimoli che colpiscono i recettori sensoriali e si trasformano in immagini, ricordi, ricordi di ricordi, suoni, sensazioni, odori, gusti. In questo processo, gran parte delle informazioni viene perduta (filtri

[29] In Bandler R., Grinder J., (1981)

della realtà) e il più di queste rimangono a livello inconsapevole, pochissime a livello consapevole (Granata 2007).

Le informazioni sull'universo esterno, come pure sui nostri stati interni, sono ricevute, organizzate, unificate e trasmesse per mezzo di un sistema interno di vie neurali che culminano nel cervello: il nostro "bio-calcolatore" centrale di elaborazione (Dilts, Grinder, Bandler, Bandler, DeLozier 1982). Quali informazioni vengano ritenute e quali perdute dipende da:

- dove la mente si focalizza e in che modo lo fa,
- quali restrizioni e filtri mette in campo,
- come opera connessioni e differenziazioni.

Nell'ambito di una esperienza il modo di assumere le informazioni, di metterle in relazione e di rendersele disponibili così da poter utilizzarle in contesti analoghi o ritenuti tali, è molto personale e per ciascuno diverso. Ciò che noi pensiamo è qualcosa che ha a che vedere con le esperienza che abbiamo fatto o che qualcun altro ha fatto e ci ha raccontato, inducendoci a pensarla come se l'avessimo fatta.

Le esperienze, in ogni caso, contribuiscono a creare delle convinzioni che influenzano il nostro modo di orientarci nella vita, sia nel mondo fisico che nelle relazioni interpersonali. A qualcuno può bastare anche solo una esperienza ma vissuta in maniera molto intensa ad altri occorrono più esperienze analoghe. Le convinzioni che si generano possono essere tali da indurci, nel procedere della vita, a prendere in considerazione soltanto le informazioni che tendono a confermarle e a trascurarle o addirittura cancellare tutto ciò che può smentirle (Granata 2007). Al punto che si può non avere più consapevolezza che si sta facendo una cosa perché si vuole veramente o che si è influenzati da ciò che altri hanno detto di fare (Dilts 2004).

Dunque, la stessa convinzione può influenzare e condizionare le esperienze future. Quando queste convinzioni sono molto radicate producono comportamenti automatici e quasi obbligati, anche se questi dovessero essere controproducenti. In ogni caso, sono una elaborazione delle percezioni della realtà, come a dire che le convinzioni non esistono ma è come se esistessero: la convinzione è una "nominalizzazione" cioè un processo, un verbo trasformato in sostantivo. Ma fisicamente non esiste nel mondo reale. Tuttavia, dato che "crediamo" a qualcosa gli diamo vita propria, lo concretizziamo nella nostra mente e lo trasformiamo in una "convinzione", che determina quali cose accettiamo o rifiutiamo, o persino cosa possiamo fare e cosa non possiamo (Guerrero 2009). Le convinzioni, tuttavia, possono mutare. Non si nasce già provvisti di convinzioni. Quando si ha già una convinzione, non c'è spazio per un'altra a meno che non si indebolisca innanzitutto la vecchia, generando un dubbio. Di solito la nuova convinzione è l'opposto della vecchia (Bandler 1986).

Se vogliamo cambiare una convinzione possiamo farlo soltanto agendo sull'esperienza. Le esperienze già fatte naturalmente non si possono cambiare, se ne possono però aggiungere delle altre, magari soltanto sperimentate con una rappresentazione interna, immaginate. Risalire alla convinzione che sottostà ad un comportamento, considerare che la convinzione è soltanto una connessione operata dal nostro modo di pensare e non una verità assoluta, consente di recuperare possibilità di scelta: di arricchire la mappa (Granata 2007). Si definiscono *convinzioni limitanti* quelle che impoveriscono la mappa e, per contro, *convinzioni potenzianti* o *utili* quelle che contribuiscono alla crescita, al benessere, all'autostima, ecc. delle persone. Uno dei classici intenti dei modelli e delle tecniche di *PNL*, alcune meno altre più direttive, è proprio quello di "smontare" le convinzioni limitanti: far prendere consapevolezza che ciò che sta motivando un comportamento indesiderato non è qualcosa di definitivo, ma generato dai propri pensieri, opinioni e convinzioni.

2.5.2 I vincoli dell'esperienza soggettiva.

L'esperienza soggettiva comprende ciò che avviene nella mente e *anche* nel mondo esterno. Ognuno è portato a pensare di conoscere la "realtà". Ma la cosiddetta "esperienza" differisce enormemente da persona a persona. Dunque, vi è necessariamente una differenza tra il mondo e ogni singolo modello o rappresentazione del mondo e allo stesso tempo anche i modelli del mondo che ciascuno di noi si crea saranno diversi. A spiegare alcune delle ragioni per cui ognuno ha modelli diversi dagli altri stanno nel fatto che la nostra esperienza del mondo è governata da alcune limitazioni e restrizioni (o *vincoli*): i limiti del nostro sistema nervoso (restrizioni neurologiche), quelli imposti dalla società in cui viviamo (restrizioni sociali) e dalla nostra singolare e unica storia individuale (restrizioni personali) (Bandler 2009 a).

Vincoli neurologici/biologici/genetici/fisiologici. Riceviamo informazioni relative al mondo attraverso i canali d'ingresso visivo (V), auditivo (A) e cenestesico (K)[30], intendendo con quest'ultimo l'insieme di sensazioni corporee, il tatto, l'olfatto e il gusto. In un dato momento e contesto, anziché dare lo stesso peso a ciascuno dei *canali rappresentazionali* ognuno di noi privilegia uno o più sensi nella percezione della realtà esterna. Questo fenomeno prende il nome di "preferenza sensoriale" o "sistema sensoriale preferenziale". Il nostro sistema nervoso deforma e cancella sistematicamente intere parti del mondo reale.

Vincoli sociali/culturali. Quali membri di una determinata società siamo soggetti ad una serie di "filtri" condivisi sulla realtà, come ad esempio la cultura, l'educazione, il linguaggio, ecc. che sembrano proteggerci dalla altrimenti sopraffazione di informazioni che derivano dalla società circostante, molto spesso con un processo di *eliminazione* delle informazioni di quel che in un dato momento sembra non avere probabilità di tornarci utile. La *PNL* si concentra soprattutto sull'influenza che ha il linguaggio sulla creazione della mappa. Più un linguaggio è specifico e più è possibile creare distinzioni, tanto più ricca sarà la nostra esperienza e la definizione della mappa. Su questo si basa il *metamodello* con le sue domande

---

[30] La parola inglese corrispondente a cinestesico è *kinesthetic* a indicare il tatto e le sensazioni corporee.

di precisione: la ricerca stessa di specificità nel linguaggio della persona diventa un processo di arricchimento della mappa e, dunque, di nuovi punti di vista.

Vincoli personali. Ognuno nella vita incontra una serie di circostanze e, col passare degli anni, va incontro ad un numero crescente di esperienze che a loro volta danno adito a diverse scelte, che facciamo, in merito a decisioni, abitudini, relazioni, convinzioni, ecc. le mappe che creiamo a partire dalle nostre esperienze possono diventare ricche e utili o limitanti e distruttive.

In _PNL_ vale il presupposto che *___le persone funzionano alla perfezione___*: una persona che ha dei problemi agisce a partire da una mappa povera, limitata nella quantità e nella qualità delle scelte possibili. Per dirla in un altro modo, i problemi insorgono quando le persone scambiano il modello per la realtà: il lavoro di un agevolatore è quello di aiutare l'altro ad arricchire la sua mappa e prendere coscienza che, ancora, la mappa non è il territorio. Scrive Bandler: <<è spesso più produttivo e assai più facile cambiare la mappa che una persona usa piuttosto che trasformare il territorio in cui opera. I terapeuti che abbiamo modellato dimostravano con i propri comportamenti di credere in questo tipo di approccio>> (Bandler 2009 a, 51).

Ogni volta che siamo disposti ad acquisire nuove informazioni e a elaborare nuovi apprendimenti, noi modifichiamo la nostra mappa del mondo. Ogni volta che sfidiamo una nostra convinzione per attuare un nuovo o insolito comportamento ampliamo la nostra mappa. Ci sono persone poco disposte a fare questo, con mappe molto rigide, altri più inclini a inglobare conoscenze e a sperimentare nuove vie, con mappe più flessibili e in continuo ampliamento. L'obiettivo dovrebbe essere quello di aumentare il numero delle scelte di comportamenti possibili, ciascuno efficace in precisi contesti (Granata 2007). Ma in ogni caso *___le persone operano le migliori scelte di cui possono disporre nel loro particolare modello del mondo___*. In altre parole, il comportamento delle persone per quanto bizzarro possa sembrare a prima vista ha un senso se lo si vede nelle scelte generate dal loro modello. La difficoltà non sta nel fatto che essi effettuano la scelta sbagliata, ma che non hanno abbastanza scelte (Bandler, Grinder 1981).

2.5.3 I meccanismi che filtrano la realtà.

La ricchezza o la povertà delle nostre mappe dipendono dagli stessi tre meccanismi di filtraggio: *cancellazione*, *distorsione* e *generalizzazione*. Questo è il paradosso: i processi che ci permettono di sopravvivere, crescere, cambiare e provare gioia sono gli stessi processi che ci permettono di mantenere un modello del mondo impoverito, di bloccare la nostra crescita se commettiamo l'errore di confondere il modello con la realtà (Bandler, Grinder 1981). Infatti, sono tutti processi necessari per gestire le informazioni che ci arrivano dal mondo senza venirne travolti. Ma nascono però dei problemi quando si cancella, distorce o generalizza l'informazione sbagliata, creando schemi comportamentali o di pensiero che non contribuiscono al nostro benessere o che vanno addirittura a minarlo (Bandler 2009 a).

Alla *PNL* in realtà non interesserebbe capire il perché del mettere in atto questi meccanismi. Un *counselor* ad approccio integrato sa, dalla *Gestalt*, che in ogni momento c'è un bisogno che dallo sfondo passa in figura, ed è quel particolare ed urgente bisogno che induce a rappresentarsi la realtà del qui ed ora, operando di conseguenza tali meccanismi.

Cancellazione (o **selezione**). Operiamo una cancellazione quando prestiamo attenzione a certe "porzioni" della nostra esperienza a scapito di altre, cosa che facciamo in modo naturale e automatico. È un meccanismo necessario e utile per garantire che la nostra realtà assuma dimensioni sempre gestibili, ma in alcune circostanze può causare problemi e sofferenze: è il caso di persone demoralizzate, di cattivo umore o depresse che, in certi momenti, "vedono tutto nero" o non ricordano momenti migliori.

Distorsione. Ogni volta che ricordiamo un'esperienza passata, immaginiamo un'esperienza futura, o la raccontiamo a qualcun altro, in effetti, deformiamo la realtà inevitabilmente: è la necessità di semplificazione dell'esperienza. Si tratta di una sorta di interpretazione delle situazioni vissute, ricordate o previste. Ciò non è necessariamente negativo: la distorsione è anche un processo creativo che permette di immaginare cose non ancora accadute o di inventare e scoprire cose nuove.

Generalizzazione. Processo tramite il quale una persona prende una o alcune esperienze e decide che siano rappresentative di tutte le altre le esperienze di quel tipo, in qualsiasi momento. È un'attitudine ad organizzare il mondo per categorie. Apprendere, ad esempio, vuol dire proprio questo: usare esperienze precedenti come punto di riferimento per affrontare il presente e il futuro. Cosicché una volta imparato come si accende un computer, non avremo bisogno di leggere le istruzioni d'uso di altri computer. Ma, d'altro canto, un'esperienza negativa con un commerciante straniero, può farci credere che con tutti gli stranieri è deleterio trattare in affari.

Riprendendo quanto detto sulla creazione delle convinzioni, un'esperienza importante, carica di emozione oppure ripetitiva, sarà registrata per fare poi da riferimento (*generalizzazione*); in seguito, quando questa idea di realtà comincia ad essere operativa, conviene rafforzarla, per esempio tenendo conto solo degli avvenimenti che la confortano (*selezione*) o, addirittura, forzando gli avvenimenti a piegarsi a questa idea del mondo (*distorsione*) (Bidot, Morat 2010).

Di fronte ad una esperienza, dunque, ognuno processa le informazioni a modo suo e in conseguenza dello stesso stimolo ognuno può scegliere, reagendo, fra una grande varietà di comportamenti. A parità di esperienza possono risultare diverse emozioni, sensazioni, immagini, pensieri, ecc. c'è quindi da chiedersi se esista una realtà oggettiva o se quella che noi chiamiamo realtà non sia soltanto un'area di comune condivisione, un punto convenzionale di riferimento per comunicare. In questa prospettiva, anche ciò che noi chiamiamo "l'altro" è una rappresentazione interna dell'altro, come noi lo percepiamo (Granata 2007) una sorta di *proiezione* sul mondo e sugli altri di quello che è il nostro mondo interiore e le nostre parti interne.

2.5.4 Il Metamodello.

Dunque, questi processi sono assolutamente indispensabili all'apprendimento della nostra vita pratica; senza di essi non è possibile la memoria di nessuna esperienza, ma l'uso indifferenziato di questi processi in tutti i contesti può avere delle conseguenze non desiderabili per noi. Quando ciò avviene, cioè quando questi processi sono controproducenti in relazione agli obiettivi, al benessere, alla realizzazione di una persona, le azioni che ne conseguono vengono chiamate *violazioni* della realtà o, come vedremo, *violazioni del metamodello.*

Ora, quando Bandler e Grinder studiarono i terapeuti "stregoni" riconobbero che tutti, pur essendo differenti, e differenti i loro approcci, riuscivano ad intercettare, nei pazienti, le *violazioni* della realtà che li portavano a soffrire e ognuno con il proprio modello del mondo riuscivano a introdurre nei modelli dei clienti dei cambiamenti che consentivano loro più opzioni di comportamento. Questi "maghi" - in realtà né maghi né improvvisatori – avevano una mappa o un modello del mondo per cambiare i modelli del mondo dei propri clienti; avevano, cioè, un *metamodello* che permetteva loro di ampliare e arricchire efficacemente i modelli altrui (Bandler, Grinder 1981).

In particolare, i co-fondatori della *PNL* osservarono che domande di un certo tipo comportavano benefici terapeutici che contribuivano ad aiutare le persone a guarire. Analizzando la struttura linguistica di questi interventi, identificarono i primi sei schemi che furono poi in grado di utilizzare per replicare i risultati ottenuti dalla Satir e Perls. I due, inoltre, sottoposero a test molte altre distinzioni sintattiche prese dalla grammatica trasformazionale di Chomsky, di cui Grinder era esperto, nel contesto del lavoro sul cambiamento: sei di queste distinzioni si dimostrarono efficaci. I dettagli dei dodici schemi o dodici[31] *violazioni del metamodello* così creati furono pubblicati nel già citato "The structure of magic" nel 1975 (Bavister, Vickers 2012).

[31] Negli anni il numero è aumentato con l'interesse alla PNL. In questo lavoro esploreremo le più diffuse.

Il *metamodello* è uno strumento che aiuta a comprendere come i pensieri vengono trasformati in parole e questo lo fa proprio a partire dalle parole che una persona usa, da quelle non dette, dalla composizione in cui vengono poste. Il modo in cui le persone organizzano e assemblano le informazioni, si ritrova nella *struttura* del linguaggio. Il linguaggio quindi che ogni persona usa è la comunicazione esterna di quello che è la sua mappa, un modello della mappa e, quindi, un ***metamodello***. La sequenza di parole che vengono effettivamente utilizzate è detta ***struttura superficiale***. Ad una stessa struttura superficiale possono corrispondere significati diversi: ognuno può attribuire a quella parola o a quella sequenza di parole un proprio significato. La frase "Una vecchia legge la regola" può aver il significato di una anziana signora che legge, oppure che una antica legge regola qualcosa oppure una legge superata regola qualcosa, ecc. D'altro canto, le frasi "Un manager scrisse il rapporto" e "Il rapporto fu scritto da un manager" pur avendo struttura superficiale diversa hanno stesso significato. La *struttura profonda* di ciò che si vuole comunicare è invece la propria completa rappresentazione interiore, le immagini mentali, i suoni e le sensazioni a livello neurologico e inconscio nella mente (Bavister, Vickers 2012).

Ad esempio, se qualcuno pronuncia la parola <<cane>> ognuno dei suoi diversi interlocutori potrebbe pensare chi a un <<pastore tedesco>>, chi ad un <<alano>>, chi un <<barboncino>>, ecc. Quanto si rappresenterebbero nella loro mente gli altri sarebbe la *struttura profonda*, mentre la *struttura superficiale* è una versione assai ridotta dell'esperienza. Nel passaggio dalla prima alla seconda avvengono proprio i processi di cancellazione, distorsione e generalizzazione. Quando facciamo un'esperienza, iniziamo a parlarci nella nostra mente in merito a quanto accaduto durante l'esperienza. Tutto quello che possiamo dire in merito a quella esperienza è la *struttura profonda*. Però, quando raccontiamo agli altri di quella esperienza modifichiamo qualcosa e la raccontiamo in modo diverso rispetto a come l'abbiamo vissuta. Altrimenti dovremmo raccontare tutto. Il racconto, le parole che utilizziamo per raccontare agli altri, rappresentano la *struttura superficiale*.

Ma, principalmente, il *metamodello* è uno strumento finalizzato a "smontare" convinzioni limitanti. Ed in effetti, con il linguaggio le persone dichiarano continuamente quali sono le loro convinzioni; convinzioni, poi, che sono alla base dei loro comportamenti. Come abbiamo visto, anche il linguaggio è beneficiato e, a volte, "vittima" dei processi di cancellazione, distorsione e generalizzazione. Avviene che col tempo la struttura del linguaggio, in quanto *metamodello* della mappa, tende a stabilizzarsi: le esperienze hanno originato delle convinzioni e la loro ripetizione ha rafforzato queste convinzioni e favorito lo stabilizzarsi di alcune connessioni (Granata 2007). E come in un *loop* anche le stesse espressioni verbali che raccontano di una convinzione, contribuiscono a rafforzarla: il linguaggio influenza il modo di fare esperienza, nella direzione di rafforzare le convinzioni anziché smentirle. La mappa tende, così, a irrigidirsi e anche il linguaggio si irrigidisce. Così il nostro linguaggio può diventare una "gabbia" nella quale l'espressione linguistica delle nostre convinzioni limitanti ci impedisce di fare nuove esperienze e sperimentare cambiamenti di comportamento. Lo scopo del *metamodello* è quello di identificare le cancellazioni, distorsioni e generalizzazioni che creano convinzioni limitanti analizzando la struttura superficiale di quello che viene detto.

Per ciascuna delle distinzioni definite dal *metamodello* esiste una serie di domande volte a recuperare alcune delle informazioni perdute nel passaggio da struttura profonda a struttura superficiale. Ponendo un certo tipo di domande quando ci si imbatte in un certo tipo di *violazione* la persona è costretta ad accedere alle informazioni che sono andate perdute. A volte per risolvere la questione basta che la persona riempia i vuoti nella propria rappresentazione interiore; e se questo non basta, di solito il processo apre la via per una soluzione efficace.

Le domande utili al fine di isolare le porzioni del modello del mondo di una persona che funzionano rispetto a quelle che non funzionano sono qui raccolte tutte insieme per una visione semplice e complessiva delle possibilità che ha un agevolatore di utilizzarle con il suo *cliente*. Non esiste una regola che definisca quale sia la "domanda giusta" alla tal frase o alla tal *violazione*. Una stessa frase può essere seguita da più d'una delle domande del *metamodello*. Ma attraverso la pratica si può sviluppare la capacità di intuire quale domanda è opportuna. Successivamente elencheremo le singole *violazioni* a cui poter rivolgere queste *domande di precisione* o di *confrontazione*.

1. CHI L'HA DETTO? SECONDO CHI?
2. SEMPRE? MAI? OGNI VOLTA? TUTTO? TUTTI? NESSUNO? OGNI COSA? NIENTE?
3. COSA INTENDI PER…? ME LO PUOI MOSTRARE?
4. RISPETTO A CHI? RISPETTO A COSA?
5. COSA ESATTAMENTE? CHI PRECISAMENTE? QUALE PRECISAMENTE? DOVE ESATTAMENTE? QUANDO PRECISAMENTE? COME ESATTAMENTE?
6. COME FAI A SAPERLO?
   6a. in che modo esattamente A causa B?
   6b. in che modo esattamente A significa B?
7. (non posso) COSA TI IMPEDISCE DI…?
8. (non posso) COSA SUCCEDEREBBE SE CI RIUSCISSI?
9. (devo) CHI/COSA TI OBBLIGA?
10. (devo) COSA ACCADREBBE SE NON LO FACESSI?

Le domande del *metamodello* servono a scalfire o eliminare le *violazioni* oppure semplicemente a richiedere informazioni. Le domande del *metamodello* fanno sì che la stessa persona, dovendo trovare delle risposte, metta in discussione le sue stesse convinzioni.

SCOPO: CHIARIRE INFORMAZIONI- SPECIFICARE INFORMAZIONI - AIUTARE A CAMBIARE LE CONVINZIONI LIMITANTI.

Insomma, quando in una persona non c'è chiarezza oppure ci sono convinzioni limitanti, queste domande sono come dei *semi che generano dubbi* nell'interlocutore.

Cancellazioni

• *Cancellazione semplice*: mancano i complementi richiesti dalla struttura sintattica: <<ho paura>> <<sono ansioso>>

• *Cancellazione del comparativo*: non viene indicato il termine di paragone, nel confronto non è chiaro chi o cosa sia il termine di paragone; spesso con parole quali *più meglio meno migliore peggiore*: <<voglio star meglio>> <<noi lo facciamo peggio>>

• *Mancanza di indice referenziale*: i soggetti o i complementi della frase sono vaghi o indeterminati: <<non importa>> <<non piaccio alle persone>>

• *Verbi non specificati*: l'azione indicata dal verbo non è sufficientemente specificata; si usano verbi qualitativi, che riferiscono azioni attuabili con modalità e intensità diverse, senza precisarne il senso: <<mi ha ferito>> <<mi stai umiliando>>

• *Falsi avverbi*: manca l'emittente del messaggio: <<*evidentemente* lui ha ragione>> <<*giustamente* io ho reagito di conseguenza>>

• *Nominalizzazione*: parole composte con gli affissi ione, tura, ismo, ità, che permettono la trasformazione di un verbo in un nome, un processo in una cosa; tipiche parole sono *amore, rapporto, rispetto, verità, comunicazione, libertà, ansia, depressione*, ecc: <<dobbiamo migliorare la nostra *comunicazione*>> <<la nostra *relazione* è in pericolo>>

Distorsioni

• *Lettura della mente*: asserzioni tramite le quali si sostiene di conoscere pensieri, sentimenti, sensazioni di un'altra persona: <<non gli piacerà>> <<quando parlerò la platea sarà diffidente e avrà dei pregiudizi>>

• *Performativa perduta*: viene emesso un giudizio di valore senza specificare chi l'abbia espresso, affermazioni di principio di cui non è più indicata l'origine: <<è giusto tacere>> <<le brave persone concordano nel sostenere che la pornografia sia un male>>

• *Causa-effetto*: A causa B, attribuzioni di univoca relazione di causalità lineare per collegare due o più fenomeni che non necessariamente sono collegati; sono dei segnali le parole *poiché, fa in modo che, causa, porta a, se…allora*: <<il suo ritardo mi innervosisce>> <<il modo in cui mi guarda mi fa arrabbiare>>

• *Equivalenza complessa*: A significa B, un'azione o un'esperienza o un comportamento vengono interpretati inequivocabilmente in un cero modo senza spiegazioni o prove, attribuzioni di relazioni di significato che collegano due o più fenomeni non necessariamente collegati; sono segnali le parole come *significa, vuol dire, quindi, implica*: <<il suo non telefonare denota

indifferenza>> <<la sua email era talmente sintetica che deve avercela con me>>

• *Presupposizioni*: dare per scontata un'informazione che spiega la legittimità e la condizione successiva di qualcos'altro, code o elementi dati per scontati e non espressi nella frase e che vengono accettati come necessariamente veri affinché l'affermazione abbia senso: <<picchia ancora sua moglie?>>, <<è un fannullone come suo fratello>> <<quando comincerai a mostrarmi il tuo affetto?>>

Generalizzazioni

• *Quantificatori universali*: termini che assolutizzano, generalizzano e mancano di indici referenziali precisi: <<*nessuno* mi ascolta>> <<sono *sempre* triste>>

• *Operatori modali di necessità*: termini che indicano la contingenza legata a regole assolute e presentate come indiscutibili, suggeriscono che qualcosa debba necessariamente avere luogo: <<bisogna ubbidire>> <<devo andare a salutarlo>>

• *Operatori modali di possibilità*: parole che sottolineano contingenze di impossibilità, auto-impedimenti: <<non posso fare quello che voglio>> <<non so sedurla>>

Il *counselor* può riconoscere quando i suoi clienti distorcono, cancellano e generalizzano e, al momento opportuno e con una comunicazione gentile, utilizzare le domande del *metamodello* (HARMAN, O'NEILL 1981). Tali domande vanno "centellinate": un uso frequente e un paraverbale non attento possono far sentire il *cliente* sottoposto a giudizio e rompere l'*alleanza operativa*.

2.6 I METAPROGRAMMI.

Dunque, abbiamo visto che il processo di costruzione della *mappa* del mondo è caratterizzato da una serie di *filtraggi* delle informazioni basati su aspetti sociali, biologici, culturali, sensoriali, individuali, sulle cancellazioni, distorsioni e generalizzazioni. Un altro filtro di selezione ed elaborazione delle informazioni che opera prevalentemente in relazione alle *scelte* e le *decisioni* che prendiamo, più o meno inconsciamente, sono i ***metaprogrammi***: sono mappe delle mappe, *metastrategie*, ovvero degli schemi comportamentali o automatismi attraverso cui una persona si motiva all'azione e alla scelta e decide quale strategia adottare.

I criteri che intervengono a determinare la motivazione ad una scelta o al prendere una decisione possono essere vari, basati sulla soddisfazione di diversi bisogni, ma la loro posizione, è spesso gerarchica, anche se questa gerarchia è variabile nel tempo e nei contesti. Infatti, non esistono *metaprogrammi* buoni o cattivi, ma solo più o meno funzionali a seconda dei contesti in cui sono utilizzati (Granata 2007). Sono relativi al contesto specifico ed è importante non incasellare rigidamente il comportamento delle persone ma, semplicemente, schemi che queste usano regolarmente in una certa gamma di contesti (Bavister Vickers 2012).

Una volta riconosciuto quali *metaprogrammi* esistono, è possibile individuarli prestando attenzione al linguaggio utilizzato nella comunicazione. La maggior parte sono coppie dicotomiche, altri sono insiemi di più elementi. Questi schemi si possono definire non solo in relazione a singoli individui ma anche a gruppi e organizzazioni. E si dividono in tre categorie principali: quelli del *cosa* o *a selezione primaria* (su cosa/dove va l'attenzione, cosa/chi motiva, cosa/chi viene per primo, ecc.), quelli del *come* o *a selezione funzionale* (prevalentemente dicotomici, come scegliamo, come ci muoviamo, come ci emozioniamo, ecc.) e, infine, quelli *a selezione temporale* (indicano il rapporto che la persona ha con il tempo).

Il primo dei *metaprogrammi* è il *canale rappresentazionale preferenziale* che verrà ben illustrato successivamente per l'importanza che riveste in molti ambiti della *PNL*. Oggi nella vasta letteratura a disposizione, dopo che Leslie Cameron[32] a partire dalla fine degli anni '70 elaborò i primi, si possono trovare decine e decine di *metaprogrammi*; ma qui ci limiteremo a descriverne alcuni, quelli che, a nostro modo di vedere, suono più funzionali alla efficacia della comunicazione di un *counselor* e all'agevolazione del cambiamento, e anche quelli che contribuiscono, dalla loro combinazione, a figurare una sorta di "stile di pensiero" delle persone.

Differenze/Similitudini. In fase di apprendimento noi confrontiamo l'informazione che ci arriva con le conoscenze che già possediamo: alcune persone tendono ad identificare le differenze tra i vari elementi e sono quindi maggiormente sensibili alle novità, mentre altre valorizzano, descrivono e ricordano ciò che appare uguale e si focalizzano sulle somiglianze e apprendono quindi più facilmente ciò che possono immediatamente ricollegare a qualcosa di familiare.

Chunk up (generale) / Chunk down (specifico). Che tipo di informazione preferiamo? Il quadro generale o i dettagli specifici? Chunk Up rappresenta la tendenza a vedere le cose in maniera totale, per pezzi grandi, per vasti scenari: si fa attenzione alla "foresta e non agli alberi" e generalmente si condensa l'esperienza in un concetto altamente generale. Il *cliente* utilizzerà quindi frasi ed elementi non specifici. Il *counselor* non si stupirà se le sue descrizioni dei fatti saranno brevi ed essenziali (per il *cliente*). Il Chunk Down invece pone l'attenzione "agli alberi e non alla foresta", Il *cliente* descrive la realtà per piccoli pezzi e minuziosi dettagli, con un linguaggio molto specifico.

Necessità/Possibilità. Chi è motivato principalmente dalla necessità focalizza la propria attenzione su ciò che "deve" fare, è tendenzialmente conservatore, è appagato dalla prima soluzione che presenti i requisiti necessari e sufficienti, utilizza in genere predicati del tipo "si deve", "è necessario". Le persone motivate principalmente dalla possibilità, invece, vivono nella costante ricerca di novità, sono curiose verso tutto e sono attratte dalle potenzialità e dallo sviluppo. Decidere non è semplicissimo. Le espressioni che utilizzano sono del tipo "questo andrebbe bene…ma forse si potrebbe provare anche…", "è sempre possibile migliorare/trovare di meglio…"

---

[32] Studiosa americana di psicologia, ex moglie di Richard Bandler.

Riferimento o Locus of control Interno/Esterno. Per sapere se un compito portato a termine è ben fatto alcuni cercheranno una conferma dall'esterno mentre altri attueranno una verifica interna, con se stessi, valutando se si sentono soddisfatti o meno, indipendentemente dalla reazione degli altri e da qualsiasi tipo di gratifica o punizione. Chi ha una referenza interna nelle relazioni tengono poco conto del feedback degli interlocutori. Il motore motivazionale che li spinge ad agire parte dall'interno e non dall'esterno. Gli altri invece sono tutti quei soggetti che prima di agire tengono molto conto del feedback esterno, agiscono sulla base della realtà circostante, si informano, chiedono consigli, ecc.

Via da/Verso. È un metaprogramma legato alla motivazione: alcune persone tendono ad avvicinarsi alle cose alla ricerca di esperienze piacevoli e sono motivati soprattutto dal desiderio di raggiungere determinati traguardi; altri, al contrario, focalizzano la propria attenzione sui rischi e agiscono preoccupandosi di evitare situazioni spiacevoli. Sanno ciò che *non* vogliono.

In time / Through time. "Come organizzi il tempo?" Questo metaprogramma si riferisce alla posizione nel tempo del nostro interlocutore. Chi è *In Time* riesce ad avere più schemi di pensiero per volta. La sua *linea immaginaria del tempo* passa attraverso la testa. È il classico soggetto del carpe diem che vive nel momento, nel qui ed ora. La persona difficilmente riesce a pianificarsi in maniera dettagliata il futuro. Il *Through Time* ragiona come un Organizer cartaceo: ha una visione dettagliata del futuro ed il tipico modo di pensare del manager. La *linea immaginaria del tempo* passa fuori dalla testa e non in *associato*.

Procedurali / Opzionali. Come ragiona una persona? C'è una continua ricerca per trovare alternative, o piuttosto una preferenza a seguire procedure prestabilite? Questo metaprogramma è un filtro motivazionale ed è simile sotto certi punti al precedente. Infatti il *Procedurale* è quella persona che per motivarsi all'azione ha bisogno di compiere una serie di passaggi, una vera e propria procedura per evitare di sbagliare. L'*Opzionale* invece è molto concentrato sugli obiettivi e non ha bisogno di compiere alcun tipo di procedura mentale per motivarsi ad agire. Sono le classiche persone che nelle conferenze si alzano per prime per andare sul palco a sottoporsi a esercizi dimostrativi.

Adeguante/Disadeguante. Le persone col *metaprogramma adeguante* sono quelle che piuttosto che sostenere una discussione preferiscono aderire alle decisioni degli altri. Sono persone che non fanno problemi e non ne aggiungono rispetto a quelli che già ci sono. A volte hanno valori più alti rispetto a quelli in gioco, in alcune circostanze sono disposte a rinunciare a preferenze personali per rafforzare l'armonia, la cooperazione, lo spirito di gruppo. Le *disadeguanti* al contrario quasi mai si conformano a ciò che va bene agli altri. Non che amino il disaccordo ma son convinti di sapere cose che gli altri non sanno e di svolgere un ruolo fondamentale nell'evidenziare alcuni aspetti delle situazioni importanti per tutti. Le decisioni prese dagli altri in qualche modo comportano dei rischi che non sono disposti a sopportare.

Usare nella propria comunicazione i *metaprogrammi* dell'interlocutore agevola il *rapport*, la relazione e la sintonia con l'altro. Ma conoscerli sviluppa anche una maggiore consapevolezza di sé. Il *counselor* può aumentare l'efficacia della sua comunicazione riconoscendo certi schemi di comportamento distinguendoli da ciò che nelle fasi conoscitive con un *cliente*, possono apparire bisogni, limiti, difficoltà. Ma anche, scegliendo le combinazioni verbali più indicate e rispecchiare il linguaggio altrui, per cui, al *cliente* col quale sta definendo il *contratto* potrà chiedere <<cosa puoi fare per smettere di ammalarti?>> oppure <<cosa puoi fare per iniziare a star bene?>> in base al *metaprogramma via da/verso* che ha riconosciuto nel linguaggio del *cliente*. Nelle **aziende** e nelle **organizzazioni** l'uso di questi filtri può agevolare l'individuazione di attitudini, compatibilità, gestione dei conflitti, ecc. Molti dei servizi proposti di *counseling aziendale* sono quelli relativi al *career management* e al *bilancio delle competenze* volti a far consapevolizzare e evidenziare, ai clienti, i propri elementi di forza e di debolezza sia personali che professionali (Giusti, Taranto 2004). I *metaprogrammi* possono anche essere di supporto all'analisi delle scelte fatte sul lavoro e quelle da prendere ovvero all'elaborazione dei bilanci personali e professionali delle competenze individuali, la quale è una delle attività proprie del *carrer counseling* (Quaranta 2003).

2.7 I SISTEMI RAPPRESENTAZIONALI, LE SUBMODALITÀ E I MOVIMENTI OCULARI.

Come abbiamo detto la facoltà di percepire la realtà attraverso i nostri cinque sensi è condizionata da vincoli neurologici: la nostra vista, ad esempio, ci consente di osservare solo una parte dello spettro luminoso e, d'altro canto, non tutti hanno la stessa "qualità" di visione. Dunque, già la nostra struttura biologica svolge processi di deformazione e selezione. Se a questo associamo quanto già detto, allora ognuno di noi in un dato momento ha delle preferenze sensoriali e si forma una sua propria e personalissima rappresentazione del mondo: una realtà soggettiva. Dunque, la nostra rappresentazione della realtà non è la realtà, piuttosto uno strumento che costruiamo per muoverci al suo interno (Granata 2007).

Il processo di costruzione delle mappe inizia con le informazioni che raccogliamo attraverso i *canali sensoriali* o *modalità*: le sensazioni visive (V), auditive (A), cenestesiche (K), olfattive (O) e gustative (G) sono selezionate da una serie di filtri percettivi. In letteratura alcuni autori raggruppano i canali accorpando olfatto e gusto con il cenestesico (VAK), altri tengono le *modalità* distinte (VAKOG). In ogni caso, con K si intendono sia il *tatto* (percepito tramite la pelle e dunque liscio, ruvido, caldo, freddo, pungente, morbido, duro, ecc.), sia le *sensazioni propriocettive* (sensazioni interne localizzate nel corpo: vuoto nello stomaco, pugno allo stomaco, colpo al cuore, stretta al cuore, onda nella testa, chiodo nella testa, senso di soffocamento, fuoco nelle vene, gambe molli, ecc.) che, infine, le *emozioni*.

Le informazioni così acquisite vengono quindi sottoposte ad operazioni di cancellazione, generalizzazione e deformazione che portano alla nostra personale percezione della realtà. Il modo in cui la persona accede alle proprie rappresentazioni sensoriali è definito *sistema guida* ed è possibile rilevarlo, come vedremo, osservando i movimenti oculari; il modo in cui una persona organizza le informazioni è definito invece *sistema rappresentazionale* ed è ricavabile dall'analisi dei *predicati* (verbi, aggettivi, avverbi) utilizzati.

Per ogni contenuto mentale esiste un corrispettivo processo sensoriale per cui ogni esperienza, comportamento o stato mentale di una persona può essere descritto in termini di *modalità* VAKOG, cioè di rappresentazioni visive, auditive e cenestesiche (e in misura minore olfattive e gustative). Quindi, ad esempio, se sto ricordando le vacanze al mare, potrei star creando nella mia mente una immagine (V) di me sulla spiaggia, udendo (A) il rumore delle onde e provando (K) una sensazione piacevole.

Ogni individuo tende, in un dato momento e contesto, a privilegiare l'utilizzo di un canale sensoriale rispetto agli altri, sia nell'organizzare i dati di elaborazione interna delle sue percezioni (*canali preferenziali*) sia nel comunicare con gli altri (*predicati preferenziali*). Quindi, se mi chiedessero di ricordare le mie ultime vacanze al mare, potrebbe prevalere nei miei pensieri soprattutto la sensazione di rilassamento e serenità, il piacere dell'aria salmastra e il tepore sulla pelle. Per un'altra persona, potrebbero invece prevalere i colori del mare e della sabbia, la luce e la nitidezza delle immagini e il ricordo della pelle abbronzata. Allo stesso modo, una persona per raccontare la stessa situazione potrebbe esprimersi con frasi del tipo <<Mi sono davvero *rilassato*, ho *goduto* della compagnia giusta e ho *gustato* il mare e il *senso* di libertà che diffonde>> un'altra invece <<*Vedi*, le vacanze al mare sono le migliori perché i *colori* dello Jonio sono bellissimi e la *luce* che si diffonde tutt'intorno *illumina* le giornate>>.

Ed in effetti, parliamo nello stesso linguaggio con cui pensiamo. Il nostro linguaggio è il migliore indicatore del sistema rappresentazionale che stiamo usando. I predicati (verbi, avverbi e aggettivi) che scegliamo inconsciamente, rivelano qual è il sistema rappresentazionale che usiamo di più. Se una persona sta parlando con un certo canale rappresentazione, può significare due cose: in quel momento sta elaborando le informazioni con quel canale preferenziale, oppure nel suo linguaggio prevalgono predicati relativi a quel canale comunicazionale. In ogni caso, le persone si sentono più a loro agio e aperte con chi le risponde nello stesso linguaggio rappresentazionale che sta usando e questo risulterà importante al fine di stabilire il *rapport*, che vedremo più avanti.

Espressioni associate ai sistemi rappresentazionali

- *VISIVI*. Senz'ombra di dubbio, questa cosa non mi è chiara, è un'idea brillante, ti vedo bene, immagina la scena, vedo la luce in fondo al tunnel, vedere tutto rosa, avere un punto di vista, un approccio miope, un progetto nebuloso, vedere allo stesso modo, mettere a fuoco, essere di umor nero, dare un'occhiata, mettere nero su bianco, condurre una vita grigia, combinarne di tutti i colori.

- *AUDITIVI.* Ci sentiamo, mi suona bene, siamo in armonia, mi chiama a gran voce, a volte mi chiedo il perché, avere voce in capitolo, fare orecchie da mercante, mettere la pulce nell'orecchio, corre voce, prestare orecchio, essere sulla stessa linea d'onda.
- *TATTILI.* Ho una brutta sensazione, ci siamo piaciuti a pelle, ho bisogno di una spalla su cui piangere, ho le farfalle nella pancia, mi sforzo di andare avanti, sento l'energia scorrere, seguo le mie intuizioni, sento un peso addosso, toccare con mano, mettersi in contatto, avere la pelle d'oca, un peso sullo stomaco, avere i piedi per terra, avere tatto, avere modi ruvidi, fare il duro.
- *GUSTATIVI.* Scherzi di cattivo gusto, rimanere a bocca asciutta, avere il dente avvelenato, essere di bocca buona, non avere peli sulla lingua, il conto è salato.
- *OLFATTIVI.* Avere la puzza sotto al naso, avere buon fiuto, montare la mosca al naso, giudicare a naso, avere finito, fiutare l'inganno, misurare a spanne.

Predicati visivi

VERBI: vedere, immaginare, apparire, scomparire, visualizzare, focalizzare, ammirare, guardare, eclissare. SOSTANTIVI: vista, visione, visuale, panorama, occhio, occhiata, sguardo, luce, buio, colore, immagine, figura, aspetto, impressione, prospettiva, apparenza. AGGETTIVI: luminoso, scuro, chiaro, brillante, lucente, opaco, colorato, ombreggiato, ombroso. AVVERBI E LOCUZIONI AVVERBIALI: chiaramente, apparentemente, brillantemente, limpidamente, evidentemente, visibilmente, palesemente, candidamente, ad occhio, a prima vista.

Predicati auditivi

VERBI: sentire, ascoltare, udire, parlare, urlare, chiacchierare, sussurrare, chiedere, domandare, rispondere, replicare, interrogare, raccontare, narrare, suonare, amplificare, origliare, divulgare, confidare, riferire. SOSTANTIVI:

udito, dialogo, ascolto, orecchio, suono, rumore, parole, discorso, musica, melodia, canto, domanda, risposta, brusio, rimprovero, grido, sussurro, sviolinata, silenzio, canzone, ritmo. AGGETTIVI: Ripetuto, detto, affermato, chiesto, ritmato, scandito, melodioso, armonico, stonato, silenzioso, rumoroso, dissonante, amplificato. AVVERBI E LOCUZIONI AVVERBIALI: Musicalmente, verbalmente, a parole, a orecchio, silenziosamente, rumorosamente.

Predicati cinestesici

VERBI: toccare, testare, grattare, afferrare, accarezzare, manipolare, fare, forgiare, plasmare, usare, impastare, premere, lisciare, solleticare, urtare, muovere, stringere. SOSTANTIVI: concretezza, presa, tocco, manipolazione, spigolosità, ruvidità, morbidezza, pesantezza, brivido, calore, freddo, gelo, spessore, materia, peso. AGGETTIVI: Concreto, morbido, spesso, ruvido, caldo, freddo, pesante, leggero, liscio, vellutato, duro, avvolgente, impastato, appiccicoso, fresco, levigato, increspato, indurito, raffreddato, scaldato, palpabile. AVVERBI E LOCUZIONI AVVERBIALI: Concretamente, gelidamente, freddamente, impercettibilmente, duramente, sofficemente, ruvidamente, teneramente, pesantemente, leggermente.

Predicati olfattivi

VERBI: odorare, annusare, profumare, puzzare, fiutare, subodorare, aromatizzare. SOSTANTIVI: naso, fiuto, odore, profumo, fragranza, sentore, esalazioni. AGGETTIVI: profumato, acre, inebriante, fragrante, odoroso, speziato, puzzolente, aromatico, soave, vanigliato, balsamico. AVVERBI E LOCUZIONE AVVERBIALI: profumatamente, a naso, soave, a fiuto.

Predicati gustativi

VERBI: amareggiare, addolcire, gustare, assaporare, condire, degustare, mangiare, inasprire, digiunare, dissetare, saziare, pregustare, inacidire, salivare, stuzzicare. SOSTANTIVI: asprezza, dolcezza, gusto, bontà, delicatezza, acidità, zuccherino, sapore, amarezza, lingua, palato, saliva, acquolina, appetito, sazietà. AGGETTIVI: dolce, amaro, aspro, salato, amarognolo, acido, stucchevole, stomachevole, dolciastro, appetibile, disgustoso, nauseante, cremoso, piccante, gustoso, appetitoso, prelibato, frizzante, insipido, rancido, succoso, appetibile, zuccherato. AVVERBI: dolcemente, amaramente, saporitamente, aspramente, gustosamente.

Tutto questo, naturalmente, contribuisce alla conoscenza e gestione di una comunicazione efficace. Nel caso dell'apprendimento, ad esempio, un formatore potrà utilizzare tutte le tipologie di predicati per poter "intercettare" l'attenzione di ogni sistema preferenziale del suo auditorio.

D'altro canto, riconoscere il proprio sistema rappresentazionale preferito può essere molto utile per la conoscenza di sé, per capire sia come ci rappresentiamo la realtà interna e sia per capire se certe incomprensioni con gli altri possono essere influenzate dai diversi canali preferenziali di ognuno o, al contrario, certe relazioni sono agevolate per avere un linguaggio comune (Granata 2007). Certo, per il *counselor* tutto questo può essere un valido contributo nell'agevolare la comunicazione nel *cliente* ed un supporto all'*ascolto attivo*.

Quando la *PNL* iniziò a studiare l'esperienza soggettiva, si scoprì che la struttura dei significati si manifesta nella sequenza specifica (*strategia*) dei sistemi rappresentazionali usati dalle persone per elaborare le informazioni. In un secondo tempo si scoprì che l'intensità del significato ha un legame diretto con gli elementi elementari dei cinque canali rappresentazionali, detti *submodalità* o *sottomodalità* (Bandler, MacDonald 1991). Dunque i sottosistemi delle *modalità* sono le submodalità, gli elementi più semplici all'interno dei sistemi rappresentazionali.

Sottomodalità Visiva

Luminosità, dimensione (grande, piccola, a dimensione naturale), colore - bianco/nero, saturazione – vivacità, sfumature - bilanciamento del colore, forme, collocazione, distanza, contrasto, chiarezza, messa a fuoco, prospettiva - punto di vista, associata – dissociata, primo piano – sfondo, sé

– contesto, frequenza o numero, primo piano – panoramica, rapporto altezza – larghezza, orientamento (inclinazione, rotazione, ...), densità – granulosità, lampeggiamento, orientamento dell'illuminazione, durata, movimento (diapositiva-film), velocità, direzione, tridimensionalità - immagine piatta, stabilità orizzontale – verticale, punti luminosi, caratteri scritti, ingrandimento, aspetto delle superfici, immagine incorniciata.

Sottomodalità Auditiva

Altezza, tempo (velocità), volume, ritmo, suono continuo o interrotto, timbro o tonalità, suono digitale (parole), suono associato – dissociato, durata, localizzazione, distanza, contrasto, figura – sfondo, chiarezza, numero, simmetria, risonanza con il contesto, fonte esterna o interna, mono o stereo.

Sottomodalità Cenestesica

Pressione, localizzazione, ampiezza, grana, temperatura, numero, movimento, durata, intensità, forma, frequenza (tempo).

Le *submodalità* sono, dunque, gli elementi di ciascun sistema rappresentazionale che operano al suo interno delle distinzioni, determinandone la specificità e contribuendo all'attribuzione di significato. Variando le *submodalità* in un sistema, la rappresentazione si modifica, così come il significato che le si attribuisce e la sensazione che a quella rappresentazione si collega. La *submodalità critica* è quella che, più delle altre, variando provoca una trasformazione sostanziale della rappresentazione, del suo significato e della sensazione collegata (Granata 2007).

Così come il perpetuarsi di una struttura linguistica rafforza una convinzione, così rappresentarsi un'esperienza con le medesime submodalità rafforza il significato ad essa attribuito. Ma cambiare anche una sola *sottomodalità* può amplificare o indebolire il significato ovvero le sensazioni associate ad una rappresentazione interna. E, come già detto, insieme al *metamodello* questa è una delle più importanti e originali "trovate" della *PNL*: poiché è possibile agire autonomamente sulle submodalità e modificarle, si può ricercare una configurazione tale da contribuire a migliorare uno stato emotivo, modificare le sensazioni associate ad un ricordo, riconoscere quella desiderata. Come a dire, col gergo informatico, che gli schemi *submodali* di trasformazione possono essere impiegati per cambiare direttamente il software umano: i modi in cui reagiamo alle nostre esperienze e ad esse pensiamo.

Le attuali conoscenze sul cervello umano ci dicono che il livello di connessione tra tutti gli organi del corpo umano è sofisticato quanto quello esistente tra le sinapsi del cervello, tanto da metterci in condizione di pensare attraverso le sensazioni. Questo significa che il corpo non è scollegato dal cervello. Anzi, è la sua estensione. *___Mente e corpo sono un unico sistema___*. La domanda davvero importante da porre a una persona che dice <<Provo una grande frustrazione>> è <<Dove? Dove inizia questa sensazione? Dov'è che inizia a manifestarsi nel tuo corpo? Verso dove si muove?>> (Bandler 2009 b).

Dunque, in *PNL* si mette in atto la pratica di *manipolare* le submodalità per cercare stati d'animo potenzianti e di annullare stati d'animo depotenzianti. Addirittura, il *modeling* che consiste nel processo di scoprire specificatamente che cosa fanno le persone per produrre un particolare risultato, può essere applicato anche alle submodalità: ad esempio nello sport si identificano quelle che mettono in atto i campioni per farne un ricalco del modello. E dal momento che tutti siamo dotati della stessa neurologia *___se qualcuno può fare qualcosa allora la può fare chiunque___* a patto che questi possa fare e faccia funzionare il suo sistema nervoso allo stesso modo (Robbins 1987).

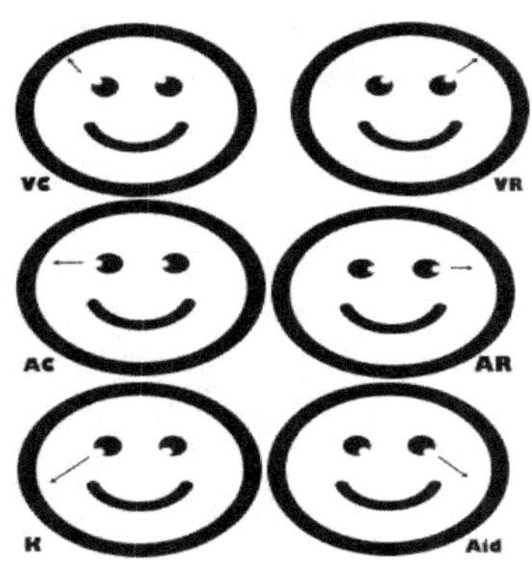

Per concludere questo paragrafo, illustreremo una delle parti più originali, particolari e, forse, più controversa della *PNL* (Jenner 2012), ovvero la gestione degli *accessi oculari*.

Secondo Bandler e Grinder, le persone, in seguito ad una domanda, muovono gli occhi in funzione del sistema rappresentazionale con il quale stanno pensando in quel momento. Questi movimenti non sarebbero casuali, lo sguardo seguirebbe un sentiero prevedibile e ben definito. Si tratta di piccoli movimenti degli occhi che anche per pochi istanti vanno a posizionarsi in una delle posizioni di seguito descritte. Occorre premettere, per agevolare la comprensione e la memoria, che questo posizionamento è in relazione ai due emisferi del nostro cervello con i quali, in seno a questa ipotesi, i nervi ottici avrebbero una connessione. Essendo l'emisfero destro quello dominante in ordine alla creatività e all'immaginazione e quello sinistro all'analisi e alla gestione/archiviazione dati, se gli occhi si posizionano a destra (e quindi sul lato dell'emisfero "creativo"), il processo interno è quello dell'immaginare e costruire qualcosa, se gli occhi si posizionano a sinistra (e quindi sull'emisfero "razionale") la persona sta processando un dato già presente in memoria. Tenuto conto dei 2 emisferi e dei 3 canali, le posizioni si possono individuare su una griglia 2x3 con 6 quadranti. Per i mancini (che mediamente rappresenterebbero circa il 16% della popolazione), il discorso si inverte completamente avendo loro gli accessi invertiti.

Vr: *Visivo ricordato*: quando guardiamo in alto a sinistra, accediamo ad un'immagine visiva ricordata ovvero già processata dal nostro cervello.	**Vc**: *Visivo costruito*: in alto a destra accediamo all'immagine visiva costruita. E' un'immagine di qualcosa che deve ancora accadere o che stiamo solo immaginando.
Ar: *Auditivo ricordato*: lateralmente a sinistra, all'altezza delle orecchie, accediamo al pensiero uditivo ricordato.	**Ac**: *Auditivo costruito*: lateralmente a destra, all'altezza delle orecchie, accediamo al pensiero uditivo costruito.
Ai: *Dialogo interno*: guardiamo in basso a sinistra, la nostra mente razionale (emisfero sinistro) è all'opera.	**K**: *Cinestesico*: in basso a destra, l'accesso alle sensazioni e alle eventuali emozioni (emisfero destro).

Per verificare queste affermazioni e raggiungere una conclusione, ci sono domande che si possono porre per individuare lo specifico sistema rappresentazionale della persona.

Questi sono alcuni esempi.

Visivo ricordato	Visivo costruito
1) Ti ricordi il tuo primo ufficio? 2) Com'era l'ultimo hotel che hai visitato? 3) Ti ricordi esattamente quante persone c'erano all'ultima riunione martedì? 4) Di che colore è il tuo vestito preferito? 5) Chi era l'ultimo *cliente* che hai visto?	1) Come staresti se facessi 12 affari oggi? 2) Come ti immagini un affare da un milione di dollari? 3) Ti riesci a immaginare rilassato con il capo? 4) Puoi immaginarti a un convegno in tenuta da tennis? 5) Come sarà il tuo prossimo *cliente*?
Uditivo ricordato	**Uditivo costruito**
1) Cos'ha detto il capo la settimana scorsa? 2) Cosa ti ha detto la segretaria? 3) Chi ti ha parlato di quel nuovo altare? 4) Ti sembra strana la segretaria del tuo amico?	1) Cosa diranno delle tue nuove idee? 2) Cosa diranno quando sapranno che hai preso l'ordine? 3) Di cosa sta parlando il capo? 4) Mi hanno detto che volevi parlarmi
Dialogo interno	**Cinestesico**
1) Hai sentito tutte e due le campane della storia? 2) Cosa ti ha detto per farti cambiare idea? 3) Ti ricordi esattamente cosa disse? 4) Ti ricordi cos'ha detto il capo ieri?	1) Come ci si sente a essere promossi? 2) Devi essere stato fiero di te a fare quel contratto? 3) Eri nervoso davanti a quel *cliente*? 4) Ti ha soddisfatto l'ultima vendita?

Combinare i segnali d'accesso oculari con i predicati sensoriali, spesso, conferma il metodo preferenziale di elaborazione del nostro interlocutore, ma ci permette anche di raccogliere indizi riguardo a informazioni che sono al di fuori della portata della mente conscia della persona: ad esempio, un particolare incidente potrebbe essere stato allontanato dalla coscienza della persona, ma dei segnali di accesso visivo o auditivo ricordato possono suggerirci che l'episodio influenza ancora la persona a livello inconscio (Bandler 2009 a).

In *PNL* molte tecniche fanno uso delle tre metodologie sopra descritte (sistemi rappresentazionali, submodalità, accessi oculari) per modificare, spostare, far sparire, girare, ridurre, ingigantire, … sensazioni, immagini e voci interiori e, dunque, arrivare a far allargare la mappa con nuove rappresentazioni interne che aiutino a stare meglio, a migliorarsi, a conoscersi di più. In una sessione di un seminario trascritta e chiamata "Dimostrazione con Linda" (Dilts 2004, 43-57), Robert Dilts lavora con una donna che desiderava fare una cosa ma era trattenuta dal farlo a causa di qualcosa del passato ma, la bloccava il fatto che nella sua testa si fosse creata una "gran confusione". Innanzitutto segue quella che è la cosiddetta *strategia* (vedi Capitolo 3) della donna, osservando qual è la sequenza con cui si susseguono i diversi accessi oculari in risposta alle diverse domande; poi controlla che le modalità con cui Linda risponde siano o meno nel giusto quadrante e, infine, fa "spostare" le immagini, i suoni e le sensazioni che non sono nel giusto quadrante fino a posizionarli in quello esatto e "rimettere in ordine" e far provare chiarezza a Linda. Tanto per fare un esempio.

Ma ad ogni buon conto, gli accessi visivi sono un'altra via per decodificare il comportamento. Conoscere gli accessi oculari può contribuire a relazionarsi in modo più efficace. Capirli ed usarli aiuta a mettersi sulla stessa lunghezza d'onda dell'altro. In altri termini, quando le persone mostrano specifici accessi oculari parlandoci, potremmo rispondere non solo con le informazioni appropriate, ma strutturandole e codificandole secondo il loro specifico linguaggio rappresentazionale. Ciò non vuol dire rinunciare a essere se stessi, ma solo essere flessibili abbastanza per *incontrare l'altro nel suo territorio* e generare la necessaria alleanza o, vedremo a breve, il giusto *rapport* per creare le premesse per una relazione d'aiuto efficace. Del resto i *counselor* devono essere consapevoli che esistono eccezioni e, dunque, considerare la diversità dei clienti e adattarsi, come per tante altre cose, alle singole modalità di accesso visivo (HARMAN, O'NEILL 1981).

2.8 LA CALIBRAZIONE E IL RAPPORT

Calibrare il proprio interlocutore vuol dire rendere coerenti il linguaggio verbale e non verbale nello scambio circolare della comunicazione e rendere coerente la propria comunicazione per migliorare la propria risposta nell'interazione. Per *calibrare* occorre riuscire a percepire i feedback non verbali espressi, consciamente e inconsciamente, dal nostro interlocutore. Si può trattare anche solo di piccoli segnali fisiologici che pure sono indicatori di emozioni, processi mentali e cambiamenti di stati emotivi e che determinano cambiamenti a livello neurologico (Granata 2007). Ad ogni istante, ciò che qualcuno vive interiormente si compone di una moltitudine di associazioni di circuiti neuronali da cui emergono immagini, suoni, sensazioni, sentimenti, emozioni, ecc. che si rivelano esteriormente con un comportamento di cui si possono descrivere le componenti non verbali (Bidot, Morat 2010).

Questi segnali fisiologici, a volte impercettibili e a volte evidenti, indicano che qualcosa sta avvenendo a livello neurologico nell'altra persona, un cambiamento, un prima e un dopo. E sono:

Viso

- Movimenti delle palpebre e delle sopracciglia.
- Dilatazione delle pupille.
- Rughe di espressione intorno ad occhi e bocca.
- Umidità degli occhi.
- Tensione della mandibola.
- Deglutizione.
- Corrugamento della fronte.
- Evidenza di alcune vene del volto, delle tempie e del collo.
- Tensione e mimica delle labbra.
- Movimenti delle orecchie.
- Movimenti del naso e delle narici.
- Posizione della lingua.
- Movimenti dei muscoli delle guance.

Pelle

- Livida.
- Rossore.
- Pallore.
- Chiazze.
- Pelle d'oca.
- Sudorazione.

Respirazione

- Velocità e ritmo.
- Toracica (alta) o addominale (bassa).
- Lunga o corta.
- Sospiri.
- Forte, sonora, senza sospiri.
- Scatti.

Corpo

- Posizione e movimento degli arti, spalle, mani e piedi.
- Variazione nella tensione delle spalle e del collo.
- Movimenti del busto.
- Movimenti e inclinazioni del capo.
- Gesti bruschi.

Per imparare a *calibrare* occorre fare molta pratica ed esercitarsi nel quotidiano. Infatti, se da un lato tutti possono disporre di abilità di *calibrazione* che si utilizzano naturalmente e quotidianamente, dall'altro, esse operano perlopiù al di là della portata dell'attenzione conscia: leggiamo intuitivamente le reazioni delle altre persone e adattiamo poi i nostri comportamenti (Bavister, Vickers 2010).

Ma la cosa fondamentale, è imparare a cogliere "semplicemente" questi segnali senza interpretarli. Il significato di un singolo segnale, a volte, può essere di difficile interpretazione anche per chi lo compie e, dunque, risulta efficace sospendere ogni tipo di valutazione e giudizio. Piuttosto, raccogliere un insieme di segnali e "accorparli" secondo una certa linea di congruenza, può aiutare ad intercettare uno stato emotivo e qualificarlo come positivo o negativo, per la persona o per la comunicazione. Oppure, si può riconoscere che i segnali sono incongruenti fra loro ovvero con il messaggio verbale. Più sono ben sviluppate le abilità di calibrazione più si notano connessioni. Non si tratta di interpretare o cercare di indovinare. Scrive Dilts: <<Invece di giudicare a priori o allucinare le risposte interne dei clienti, i buoni comunicatori imparano a leggerle mentre hanno luogo>> (Dilts 2006, 37). E egli definisce la *calibrazione* come quel processo di apprendimento che permette di leggere in tempo reale le reazioni di un'altra persona durante un'interazione.

Calibrare vuol dire intercettare i segnali che vengono dall'interlocutore e modificare, di conseguenza in tal senso la propria comunicazione: questo contribuisce a dare all'altro come la sensazione di essere compreso nel suo profondo e di essere trattato con sensibilità (Granata 2007). È un altro modo per *essere centrati sul cliente* e stare sul suo territorio, senza correre il rischio di portarlo sul nostro, rischiando di rompere il clima di fiducia e calore che serve alla relazione, di rompere il *rapport*.

In *PNL*, infatti, si usa il termine ***rapport*** per descrivere una relazione di fiducia e comprensione. In altre parole, vuol dire incontrare l'altro nel suo modello del mondo, instaurare un clima di confidenza che dà all'altro il desiderio di dire di più, perché si sente ascoltato e riconosciuto per quel che è. Per chi lo promuove, è un modo di ascoltare l'altro più in profondità di creare un "rapporto" che gli permetterà passo dopo passo di condurre il colloquio. È il processo mediante il quale si stabilisce uno stretto contatto con il livello conscio e inconscio dell'interlocutore. Essere in *rapport* con qualcuno vuol dire riflettergli la propria immagine, inviargli segnali non verbali che egli può facilmente identificare in modo inconscio con i suoi e che sono allora per lui altrettanti segni di riconoscimento (Bidot, Morat 2010).

Rapport è inteso come la ricerca di sintonia, armonia, sincronizzazione con l'altro e genera una situazione di disponibilità, d'attenzione e di reciproca fiducia che si riesce ad instaurare con un interlocutore (feeling), comunicando con canali comunicazionali bidirezionali. Siamo in *rapport* quando vediamo le cose nello stesso modo dell'altro (V), le udiamo come suonano a lui (A), le sentiamo allo stesso modo (K) e, dunque, si interagisce così con lo stesso modello del mondo, usando la stessa mappa per muoversi in un territorio.

L'interlocutore con cui noi entriamo in *rapport* abbassa la guardia e il suo "fattore critico", accettando le eventuali idee espresse dall'altro, i suoi consigli, la sua presenza, ecc. Si tratta di un comportamento sociale, per il quale noi accettiamo o rifiutiamo un'idea propostaci. L'idea viene rifiutata normalmente se è contraria a qualche cosa che già abbiamo imparato da altra fonte. Il fattore critico, in altre parole, è il meccanismo per il quale manteniamo aderenza ad un modello sociale preaccettato (da noi considerata la cosiddetta "realtà"). Se non fossimo in grado di disattivare tale meccanismo modificando, quando necessario, un comportamento sociale preaccettato, non saremmo in grado di adattarci alle modifiche dell'ambiente circostante. Effettivamente, il *rapport*, dal punto di vista di colui che lo cerca, ha più assonanza con l'*empatia*, dal punto di vista di chi ne viene coinvolto, con la *simpatia*.

In *PNL* il *rapport* si genera attraverso il processo del **ricalco** che si può definire come una ricerca o creazione delle cose in comune (Robbins 1987). Il *ricalco* rappresenta la flessibilità di andare incontro all'altro nel suo modello del mondo - fatto di credenze e valori ma anche di linguaggio del corpo, di toni di voce e di gerghi - piuttosto che costringerlo ad avvicinarsi al nostro (O'Connor, McDermott 2002).

Come si fa per la *comprensione empatica*, anche in questo caso occorre, come primo passo, *mettersi nei panni dell'altro* e osservare le cose e provare le sensazioni "come se" fossero le nostre. In *PNL*, come vedremo, si parla delle tre *posizioni percettive* e questo è il caso della *seconda posizione percettiva*. La prima posizione è quella del guardare le cose dal proprio punto di vista, da un punto di vista *associato*; la seconda posizione è quella in cui ci si mette nei panni dell'altro; la terza posizione è quella di osservare da un punto di vista esterno la relazione tra sé e gli altri (Scardovelli 1998).

La *compliance* dell'interlocutore, il fatto di rispondere positivamente a una richiesta, implicita o esplicita, manifestata da un'altra persona, aumenta o diminuisce in proporzione al livello di sintonia che riusciamo a raggiungere con il soggetto, anche se, magari, questa sintonia riguarda questioni per niente correlate a quella trattata al momento (Bandler 2009 a).

Prima di procedere con l'esplicazione di questa tecnica, occorre anticipare che il *ricalco* è sempre associato e precede la fase di *guida*. Le tecniche di *PNL*, infatti, sono prevalentemente ad uso di approcci *semi-direttivi* e *direttivi*, vedi ad esempio, il *life* e *business coaching*, la *comunicazione persuasiva*, il *public speaking*, l'*ipnosi ericksoniana*, ecc. o, come nel caso del *counseling*, utilizzate prevalentemente per la comunicazione efficace o per le fasi "post-rogersiane" dell'*avvio di contatto* e di *contatto pieno*, dove, dopo aver mobilitato l'energia, nello spirito di Carkhuff, si passa all'azione. In *PNL*, insomma, una volta instaurato *rapport* con una persona mediante il *ricalco*, si può cominciare ad influenzarla portandola in una direzione diversa da quella che sta percorrendo e questo processo è chiamato ***ricalco e guida***. Si tratta di entrare nel mondo dell'altra persona, fare per un po' quello che lei fa e poi, non subito, cambiare impercettibilmente il proprio comportamento per indurre l'altro a seguirci nel cambiamento (Bavister, Vickers 2012).

Il *ricalco* può essere:

1. Del linguaggio del corpo.
2. Incrociato.
3. Paraverbale.
4. Culturale.
5. Psicogeografico.
6. Emozionale.
7. Verbale.

Naturalmente, quale che sia il tipo di *ricalco* da mettere in atto, è fondamentale condurre un attenta *calibrazione*, sia preventivamente, quando possibile, che in itinere.

Dal momento che, come abbiamo visto, il più della comunicazione può avvenire attraverso questo canale, è molto funzionale prestare attenzione a gesti, cenni del capo, espressioni facciali, respirazione e qualità della voce, ecc.: *ricalcare il linguaggio del corpo* significa osservare qualcuno e poi assumere comportamenti simili, come ad esempio sedersi allo stesso modo o usare gesti simili. Se si ripetono precisamente i comportamenti dell'altro creando un'immagine speculare, il ricalco prende il nome di ***rispecchiamento*** (Bavister Vickers 2012), che si può definire la forma di comunicazione più primitiva: con i neonati si comunica istintivamente imitando le loro espressioni e i loro versi, i gruppi dei pari si muovono con andatura simile, gli innamorati riflettono gesti e postura, ecc. Se è vero che le persone che si piacciono si rispecchiano istintivamente, è anche vero che un rispecchiamento intenzionale può facilitare di molto la comunicazione (Granata 2007). Consiste nell'imitare specularmente, dopo qualche secondo o decina di secondi, la postura assunta dall'altra persona. Non ogni volta che essa cambierà postura si dovrà seguirla, ma farlo di tanto in tanto. Per imitare specularmente si intende che i movimenti devono essere fatti in modo che l'altra persona abbia l'impressione di vedersi allo specchio: se questo accavalla la gamba destra, chi gli sta di fronte dovrà accavallare la sinistra. Occorre che gli occhi di chi sta ricalcando non seguano i movimenti che poi verranno rispecchiati: ciò darà un senso di naturalezza legata ad una apparente inconsapevolezza di chi ricalca.

L'interlocutore, a livello inconsapevole, riconosce, così, l'altra persona come simile sentendosi capita e accettata. Chi mette in atto il ricalco, ponendosi nella stessa fisiologia dell'altro, potrà accedere ad uno stato abbastanza simile a quello del suo interlocutore (*ibidem*).

Si può anche utilizzare un aspetto del proprio comportamento per rispecchiare un comportamento diverso dell'altra persona. Si chiama ***ricalco incrociato*** quello condotto in un canale diverso: ricalcare la respirazione dell'altro muovendo le dita sul tavolo con lo stesso ritmo, sottolineare la cadenza del discorso con movimenti del capo, battere il piede a tempo con una serie di cenni del capo, sincronizzare il ritmo della parlata con quello della respirazione della persona ricalcata, incrociare le braccia se l'altro incrocia le gambe, ecc.

Il ***ricalco paraverbale*** è quello in cui si riproducono tono della voce, volume, velocità. Si presta attenzione al modo di parlare della persona, se è costante e con lo stesso ritmo oppure accelerato o rallentato, se ci sono pause, se usa frasi brevi o lunghe, ecc. adottando quindi un simile stile conversazionale. Molto funzionale nelle conversazioni telefoniche.

Il ***ricalco culturale/valoriale*** fa riferimento a valori, tradizioni, abbigliamento, gergo linguistico, con l'ottica di adeguarsi al registro (stile e livello di discorso) dell'interlocutore. Esso prevede l'utilizzo o l'evitamento di particolari terminologie, stili espositivi e argomentazioni specifici della persona o, anche, il rispecchiamento dei suoi *metaprogrammi*. Ad un incontro col parroco di una chiesa si farà attenzione all'abbigliamento, con una squadra sportiva di ragazzini si userà un linguaggio semplice e diretto, con un macellaio non si parlerà dei benefici di una dieta vegetariana, ecc.

La relazione spaziale tra le persone, la ***psicogeografia***, è un altro aspetto per instaurare *rapport*. Se due persone sono sedute l'una di fianco all'altra, la cosa crea l'esperienza di essere allineati, in armonia: metaforicamente, quando si è "dalla stessa parte" si vedono le cose dallo stesso punto di vista. Essere seduti l'uno di fronte all'altro, con sedie di dimensioni diverse, con una scrivania di mezzo, può invece "allontanare".

Utilizzare il ***ricalco emotivo*** significa cercare di vivere e manifestare le emozioni vissute dall'altro, intanto che racconta un fatto, trasmette un'esperienza o una sensazione. Particolarmente efficace quando le persone sono arrabbiate: si utilizzerà allora lo stesso tono di voce, il volume e la stessa velocità di eloquio trasmettendo il messaggio <<*So che sei arrabbiato e la cosa mi preoccupa*>>. Rispecchiando con la voce l'emozione della persona questa potrà sentirsi ascoltata, accettata e compresa. Man mano, si potrà gradualmente cambiare tono di voce.

Il ***ricalco verbale*** è un modo di riproporre ad una persona la sua esperienza descrivendogliela (<<*I tuoi occhi si stanno chiudendo*>>) o riflettendogliela utilizzando le stesse parole oppure i predicati verbali dello stesso sistema rappresentazionale che sta usando, o descrivendo la realtà sia interna che esterna che la persona sta vivendo o conosce. Ciò anche quando noi non conosciamo precisamente quale sia in quel momento l'esperienza o la realtà interna che l'altro sta sperimentando.

È il caso dell'uso dei ***truismi***[33]: se riusciamo a far concordare con noi una persona riguardo a due o tre fatti inconfutabili (ossia direttamente verificabili con i sensi), è probabile che ciò la induca ad accettare come valida anche una successiva suggestione non specifica dal punto di vista sensoriale. Ad esempio: <<*Sei seduto sulla sedia e i tuoi piedi toccano il pavimento, hai le mani in grembo … e puoi cominciare a sentirti più rilassato.*>> Si tratta di un classico processo di *ricalco e guida*: le prime tre affermazioni sono dei *truismi* inconfutabili, mentre la quarta è ciò che viene chiamato *comando* o *suggestione* o *suggerimento* (Bandler 2009 a).

[33] Dall'inglese *true*: vero, autentico, verità.

In *PNL* un *truismo* è ogni cosa che diciamo e che sappiamo per certo che l'altra persona ritiene essere; per usare un *truismo* si possono anche dire cose che sono universalmente vere, dei dati di fatto. Ad esempio, durante una lezione di *counseling*: <<fuori c'è il sole, siamo qui in quest'aula, e stiamo imparando le tecniche rogersiane, dato che a tutti noi interessa capire come si può essere *counselor*>> creando così credibilità e fiducia. Infatti, ogni volta che diciamo qualcosa di vero, l'altra persona processa l'informazione come se si dicesse mentalmente: "si, è vero". E più cose vere diciamo, più diventiamo credibili. Dopo una serie di *truismi*, di frasi considerate vere dall'altro, se ci aggiungiamo un *suggerimento*, è molto probabile che l'altro lo percepisca come fatto vero. In molte tecniche di vendita si insegna che il venditore deve far dire molte volte "si" al cliente, prima di far loro la proposta di vendita (tecnica del "yes set"). Ma utilizzando i *truismi* la persona non è obbligata a pronunciare i "si" o a dire "si, è vero", lo pensa e basta. I *truismi*, tecnicamente, vengono collegati da una serie di congiunzioni come "e", "quindi", "perciò", "mentre" e, pertanto, tutto quello che viene detto appare come un'unica verità, come se tutto poggiasse su una base, un contenitore di verità, inclusa l'ultima frase che è il nostro suggerimento, la nostra convinzione, la nostra proposta, ecc. Ad esempio: <<Stai scorrendo queste parole e stai leggendo questo scritto e mentre le parole scorrono e dai un senso al significato delle parole inizi ad apprezzare questo libro>>. Le prime 4 frasi sono oggettivamente vere. La quinta, invece, non lo è necessariamente! Ma la sensazione percepita è che sia vera anch'essa perché sembra una deduzione logica. In realtà è un suggerimento, un'induzione di un convincimento.

Tuttavia, creare *rapport* vuol dire stabilire rapidamente un efficace rapporto con le persone o con la maggior parte delle persone, il che vuol dire che non sempre e necessariamente si tratta di *ricalcare* i comportamenti altrui: in certi casi, per la riuscita del *rapport* si tratta di assumere proprio il ruolo che ci si aspetta da noi, ossia tenere un comportamento assai diverso da quello della persona con cui stiamo interagendo: medico/infermiera, insegnante/allievo, genitore/bambino, ecc. (Dilts, Grinder, Bandler, Bandler, DeLozier 1982).

2.9 STRATEGIE, CAMBIAMENTO DI STATO, ANCORAGGI: CENNI.

Nel Capitolo 2.7 abbiamo accennato a quel che in *PNL* si chiama ***strategia*** ovvero alla sequenza dei sistemi sensoriali che una persona mette in atto quando svolge un'azione. Occorre prima aggiungere, a quanto già detto, che ogni processo sensoriale può essere interno o esterno, per cui se vediamo un oggetto nella nostra mente sarà V_i se lo vediamo nel mondo reale sarà V_e, se proviamo una sensazione nello stomaco sarà K_i se toccheremo qualcosa sarà K_e, e così via. Naturalmente, se si tratta di qualcosa di *potenziante*, lo si indicherà col segno "+" se *limitante* col segno "-", laddove, come abbiamo già detto per le *convinzioni*, per *potenziante* o *limitante* si intende tutto ciò che è funzionale o non funzionale all'obiettivo che una persona si pone.

Per cui, per estrarre una strategia di una persona e scriverla, si procede come in questo esempio: la persona vede una sciarpa esposta sullo scaffale del negozio V_e, dice che è proprio una bella sciarpa A_e^+, immagina piacevolmente la morbidezza e il calore intorno al collo K_i^+, la prende per portarla alla cassa K_e, si dice nella testa "evviva" A_i^+, e infine prova un'emozione di contentezza K_i^+. La sintassi della strategia è dunque:

$$V_e > A_e^+ > K_i^+ > K_e > A_i^+ > K_i^+$$

Una strategia come questa si può considerarla efficace perché culmina in un K^+. Un K_i^+ indica uno stato interno potenziante e può essere inteso come un'etichetta a cui si riferisce una possibile rappresentazione interna che include una o più sensazioni interne e che definiscono uno ***stato emotivo***. Lo scopo del *modeling* è infatti quello di trovare il modo di portare una persona da uno *stato indesiderato* ad uno *stato desiderato*, laddove quest'ultimo comporti sempre una sensazione funzionale al benessere o all'obiettivo della persona, un K^+, appunto. Ma il *modeling* può essere applicato non solo alle strategie altrui, di presone che eccellono con le loro strategie, ma anche a sé stessi, *modellando* le proprie strategie efficaci.

Allora, se la stessa persona di prima, ha difficoltà a gestire certi aspetti del suo lavoro, in particolare le cene di lavoro, perché quando arriva al ristorante e vede i suoi colleghi V_e, stringe forte fra le mani la borsa che ha con se K_e, poi si dice "che barba!" A_i^- e poi sente crescere dentro di sé la tristezza K_i^-, la strategia che sta mettendo in atto è

$$V_e > K_e > A_i^- > K_i^-$$

Se modellasse sé stessa mettendo in atto la strategia efficace di prima potrebbe, invece, provare a arrivare al ristorante e vedendo i suoi colleghi V_e, salutare e dire che è proprio una bella serata A_e^+, immaginare piacevolmente il gusto del vino che assaporerà K_i^+, accarezzare la sciarpa (l'*àncora*) che ha comperato K_e, dirsi nella testa "sto risparmiando per il viaggio di questa estate" A_i^+, e infine provare un'emozione di rilassatezza K_i^+. Ovvero: $V_e > A_e^+ > K_i^+ > K_e > A_i^+ > K_i^+$.

Il *modeling delle strategie* è indicato, soprattutto nel *coaching*, quando si ricercano miglioramenti nelle *performance* relazionali e lavorative. Soprattutto, nei lavori che comportano situazioni di emergenza e pericolo e, ancor di più, nello sport. Nello sport, molti atleti che attraversano fasi con prestazioni negative, lavorano per recuperare le *strategie* che impiegano, invece, quando sono al *top* della *performance*. Tutto ciò, come detto, fa leva sul presupposto secondo cui, in virtù del fatto che siamo tutti dotati della stessa neurologia, ***se una persona è in grado di fare una cosa, chiunque può imparare a farla*** a patto che faccia funzionare il sistema nervoso esattamente allo stesso modo (Robbins 1987).

Negli stati emotivi ci si può entrare così come ci si può uscire perché sono situazioni momentanee innescate da uno stimolo e caratterizzate da una certa configurazione di rappresentazioni interne VAK e *fisiologia*. Uno dei presupposti della *PNL*, infatti, è quello secondo cui ***mente e corpo sono un unico sistema*** e l'uno influisce sull'altro. Pertanto, il modo di respirare, il portamento, l'espressione facciale, la qualità dei movimenti, ecc. cambiando possono far cambiare uno stato emotivo (Robbins 1987). Cioè a certe configurazioni fisiologiche corrispondono precisi processi neurologici interni. In *PNL* è radicata la prassi di agire modificando fisiologia e rappresentazioni interne per modificare uno stato emotivo, e così come una certa postura può essere un innesco che solleciti un certo stato emotivo, lo possono essere una carezza, un bacio, una spinta, una mano sulla spalla, un odore, un sapore.

Quando questi *inneschi* o *stimoli* agiscono in modo immediato e automatico, provocando una *risposta* nella persona che cambia, così, il suo stato interno, vengono chiamati ***àncore***. Poiché un'*àncora* è costituita da uno o un insieme di stimoli sensoriali VAK, può essere sia già attiva in noi e inconsapevolmente indotta (un profumo che innesca un ricordo, una carezza che innesca la sensazione di consolazione, una canzone che intristisce, ecc.), oppure può essere consapevolmente costruita *ad hoc* con la tecnica dell'*ancoraggio*. Questa consiste nel chiedere ad una persona quale sia lo stato desiderato e, successivamente, fargli rievocare, descrivendo precisamente le immagini V, le voci e rumori A e le sensazioni K, un'esperienza in cui ha vissuto quello stato (e se non ci fosse nei ricordi, immaginare cosa vedrebbe V, ascolterebbe A e percepirebbe K se si trovasse ora in quello stato) chiedendogli di *associarsi* per provare anche *qui ed ora* quelle sensazioni. Calibrando ogni comunicazione verbale e non verbale, bisogna accorgersi che la persona sta effettivamente accedendo a quelle sensazioni e a quello stato e, un attimo prima che arrivi all'apice, applicare una o più àncore, che possono essere cenestesiche (una mano sulla spalla, un pugno stretto, ecc.) o auditive (un fischio, un verso o una parola, un rumore con la bocca, ecc.). Tale procedimento deve essere preventivamente illustrato alla persona sia per rassicurarla sull'assenza di aspetti nocivi e sia perché ci possa trasmettere, ad un certo punto, qual è il momento poco prima dell'*apice* della sensazione (ad esempio chiedendo di farci un cenno quando, in una scala da 1 a 10, la sensazione è arrivata a 9).

Per l'efficacia dell'ancoraggio occorre che l'*àncora* abbia certe caratteristiche (Granata 2007): sia congruente (un urlo non si adatterebbe ad uno stato di rilassatezza, una carezza non si adatterebbe ad uno stato di sfida), unica (quell'àncora deve indurre solo quello stato e non altri stati diversi), ripetibile (attivabile in ogni contesto), tempestiva (applicata precisamente poco prima dell'apice), puntuale (circoscritta in un punto preciso se cenestesica, ben definita se auditiva o visiva), inusuale (un gesto inusuale se cenestesica, cose e rumori che non si vedono e ascoltano comunemente).

Le *àncore* possono essere potenzianti o limitanti (in funzione della loro utilità) e possono richiamare sensazioni/emozioni sia positive che negative. Le sensazioni negative, del resto, hanno anche lo scopo di aiutarci a sopravvivere: pertanto si ancorano spesso con intensità maggiore. La durata dell'ancora dipende dall'intensità dell'emozione che abbiamo vissuto (sia positiva sia negativa) e in alcuni casi può durare tutta la vita. Chi ha paura del buio potrebbe aver vissuto una qualche esperienza negativa associata all'oscurità di conseguenza il buio diventa l'àncora che richiama inconsciamente la sensazione della paura e a nulla serve razionalizzare: se l'àncora è abbastanza forte avrà la meglio. La maggior parte delle volte siamo inconsapevoli delle *àncore* che agiscono in ogni istante su di noi. I pubblicitari, al contrario, le conoscono bene e sanno come usarle, infatti sono attenti ad associare (*ancorare*) al prodotto che vogliono vendere immagini (donne attraenti, magari poco vestite!), musiche e sensazioni (l'amore, la forza, la potenza a seconda dei casi) che ci inducano a comprare facendo leva sul nostro cervello emotivo.

CAPITOLO 3. IL COUNSELING E LA PNL.

3.1 CONVERGENZE, DIVERGENZE, INTEGRAZIONE.

Già nel 1981 Harman e O'Neill[34], in un articolo del Journal of Counseling & Development, mettevano in guardia il *counselor* dal fare il giusto uso di questa disciplina "*non content*" e dagli sviluppi che avrebbe avuto in futuro qualora fosse stata praticata da professionisti al di fuori del campo della relazione d'aiuto. Avvisavano che persone del mondo della finanza, della giurisprudenza e delle aziende stavano frequentando laboratori di *PNL* per poi *utilizzarla* nel loro lavoro. Ritenevano che la popolarità raggiunta, in analogia con quanto avvenne con la terapia della *Gestalt*, all'*Analisi Transazionale*, ecc., poteva indurre quelle persone "solo a graffiare la superficie" delle fondamenta ispiratrici della disciplina e i suoi presupposti, sentendosi autorizzate a proclamarsi professionisti della *PNL*. <<Esortiamo cautela quindi, soprattutto perché ci appare che non c'è alcuna selezione dei partecipanti ai corsi e laboratori di *PNL*>> (Harman, O'Neill 1981, 453).

Allora, i due autori scrivevano che non si poteva praticare tecniche di *PNL*, come ad esempio gli *ancoraggi*, se prima non si fossero apprese le idee, lo stile e i metodi del *metamodello*, perché questi costituivano la necessaria condizione preventiva di "essere con" i clienti, quelle per cui il *counselor* che avesse voluto utilizzare questi metodi, avrebbe dovuto sviluppare *rapport*, empatia, comprensione con i clienti (Harman, O'Neill 1981, 451). Altra loro "preoccupazione" riguardava uno dei presupposti-slogan della *PNL* secondo cui si può fare "qualsiasi cosa" per raggiungere un risultato, cosa che sarebbe un problema etico per un *counselor* professionista. A questi, dunque, suggeriscono di <<rifiutare questo "tutto pur di ottenere il risultato" pur accettando altri aspetti di valore della *PNL*>> (*ibidem*, 453)

E pur tuttavia lo psicologo inglese Roy Bailey parla tranquillamente di *NLP Counselling*, come del *counseling* che fa uso della *PNL*: <<Chiaramente la metodologia e le abilità usate dai *counselor* nel *NLP*

---

[34] Robert L. HARMAN, direttore associato del Counseling and Testing Center presso l'Università del Kentucky, Lexington. CHARLES O'NEILL counselor psicologico dello stesso dipartimento.

Counselling sono per molti versi simili a quelli del tradizionale *counseling* centrato sulla persona, non uguali ma simili. L'*NLP Counselling* è anche piuttosto differente. Il *counseling* con la *PNL* non solo differisce dalle teorie del *counseling*, ma anche dagli altri modelli del comportamento e della psicologia. La *PNL* nel *counseling* è un meta-modello>> (Bailey 1997, 2-5).

La validità della *PNL* non va ricercata nella sua aderenza alla realtà, difficile da dimostrare, ma nella sua efficacia. Dichiara fin dall'inizio di essere un modello operativo: *una mappa, non un territorio*. Ciò nonostante, o proprio per questo, se ben utilizzata, è molto efficace nel risolvere problemi emotivi e relazionali. Chi pratica la *PNL* non potrà mai dire frasi del tipo: l'operazione è andata benissimo, ma il paziente è morto. E neppure dire che il paziente ha troppe resistenze. Per la *PNL* le resistenze sono segnali che indicano al terapeuta che occorre fare più *rapport* con il *cliente* (Scardovelli 2013, 56).

L'utilità di allargare l'orizzonte, da parte di chi opera nelle professioni delle relazioni d'aiuto e della facilitazione dello sviluppo personale, attraverso la conoscenza e l'esperienza di altri modelli e, dunque, di *integrarli*, e fra questi quello della *PNL* è, oltretutto, riconosciuto e condotto in Europa, attraverso l'*International Association of NLP* e in modo particolare in Italia, con l'*Istituto Italiano di PNL*, dove, ad esempio, la visione della *PNL* è sempre stata arricchita dal confronto con altri modelli, specie l'*Analisi Transazionale* e la *Gestalt* (Scardovelli 1998, 232).

PNL, Counseling e *AT*

L'importanza che dà la *PNL* in merito al condizionamento delle parole (linguistica) su quelli che sono i modi di pensare (neuro) e di comportarsi (programmazione), come ad esempio, le "avvertenze" sul senso delle *nominalizzazioni*, che racchiudono in un sostantivo quello che in realtà è un processo e, di conseguenza, le distorsioni della realtà che ne derivano, trovano stretta assonanza con quanto avviene in *Analisi Transazionale* a chi prende la ("cattiva") abitudine di parlare degli *stati dell'Io* come se fossero cose: <<Il problema derivante dal parlare in questo modo è che possiamo finire col credere che gli *stati dell'io* abbiano una specie di

esistenza propria, separata dalla persona di cui parliamo. Naturalmente non è così. Non è che "il mio Bambino" vuole divertirsi, sono *io* che voglio divertirmi, e che sono forse nello *stato dell'Io* Bambino quando lo voglio. Non è che "io ho un Adulto forte", piuttosto *io* ho una buona capacità di fare quelle cose che di solito sono associate con lo *stato dell'Io* Adulto, quali la verifica della realtà e la valutazione delle probabilità>> (Stewart, Joines 2000, 34).

La *terza regola della comunicazione* di Berne ("L'esito in termini comportamentali di una transazione ulteriore è determinato a livello psicologico e non a quello sociale") o la *diagnosi comportamentale* (*ibidem*, 60) che in *AT* attribuiscono il peso e l'importanza della comunicazione non verbale nella *relazione* della comunicazione e della corrispondenza di questa nei diversi *stati dell'Io*, trovano pieno allineamento con i presupposti della comunicazione efficace della *PNL* e, se vogliamo, con l'*ascolto attivo* che è insito nelle disposizioni rogersiane.

PNL, *Counseling* e Gestalt

La povertà della mappa e la riduzione della realtà al solo modello del mondo proprio, è quello che Perls racconta e poi specifica dicendo che il mondo non è bipolare ma multipolare e che nella realtà psicologica esistono un'infinità di contrari ad ogni situazione (Giusti, Rosa 2002). Nella tecnica del *monogramma con inversione dei ruoli* (variante dello *psicodramma di Moreno*), dove il *cliente* recita alternativamente differenti personaggi, trova spunto il concetto delle *posizioni percettive* della *PNL*, di cui parleremo ampiamente nel capitolo 3.2.2.

La tecnica della *proiezione nel futuro*, anch'essa derivante dallo *psicodramma di Moreno*, ha l'obiettivo di aiutare il *cliente* a esprimere e chiarire i suoi propositi per il futuro, anticipando un evento e agendolo nel momento presente: ebbene questa evoca i percorsi che mentalmente e/o fisicamente si fanno svolgere, in *PNL*, lungo la cosiddetta *time-line*, che vedremo nel capitolo 3.2.3.

Questi sono solo alcuni dei tanti casi in cui le tecniche di *PNL* trovano assonanza e forse origine nella Gestalt (Dilts 2003, Guerrero 2009).

PNL, Counseling e l'approccio umanistico

L'attribuzione alla persona della piena responsabilità che ha in relazione alla comunicazione, al cambiamento e al raggiungimento dei risultati, che i presupposti della *PNL* ribadisce, trovano ragion d'essere nello scopo *attualizzazione* dell'uomo; uomo non più determinato dall'ambiente (comportamentismo) o dai suoi istinti e impulsi (psicoanalisi) bensì orientato verso uno scopo che è quello della piena realizzazione di sé e delle proprie potenzialità. La convinzione, ricavata dunque dal *paradigma umanistico*, è che ogni persona ha dentro di sé tutte le risorse per risolvere i propri problemi (Scardovelli 1998).

Il *modeling* diviene, sotto questa luce, un'altra risorsa che la persona può mettere in campo per migliorare, attraverso il confronto con l'altro, la propria condizione e la propria autorealizzazione. Il *rapport* diventa *alleanza operativa*, rispetto e accettazione incondizionata, *ascolto attivo* ed empatia. Tutti questi fattori forniscono al *cliente* l'opportunità di essere ascoltato. Inoltre questa modalità può svolgere un ruolo di *modeling* per i clienti che mancano di empatia e capacità di ascolto (Spalletta, Germano 2006, 36).

L'approccio pluralistico e integrato del Counselor

Abbiamo già detto – e approfondiremo nel prossimo paragrafo - della possibilità di far uso di pratiche di *PNL* nella fase di *avvio* e *contatto pieno.* Ma tecniche e presupposti possono diventare per il *counselor* un ulteriore strumento del suo bagaglio professionale quando intende approcciare in modo *pluralistico e integrato* la sua professione per "funzionare" efficacemente con la più vasta gamma di clienti, per trovare la specifica e funzionale risposta possibile, stante la varietà e complessità del comportamento umano. Del resto, padroneggiare flessibilmente più modelli permette di poter operare, come *counselor*, la scelta più adeguata rispetto alla metodologia da utilizzare con i diversi clienti (Giusti, Taranto 2004).

Anche nel *precontatto*, quindi, trovano applicazione risorse *pnlistiche*: nell'*analisi della domanda* può tornare utile aver presente l'approccio agli *obiettivi secondari* che il *cliente* tende inconsciamente a conservare *auto-sabotandosi* sulla strada del cambiamento; nella definizione del *contratto* si può richiamare la tecnica degli *obiettivi ben formati* specie quando il tema è la ricerca di uno stato desiderato o il miglioramento; gli strumenti dei *sistemi rappresentazionali* possono contribuire al riconoscimento del *dialogo interiore* che il *cliente* attua quando scopre le possibilità che lo *spazio di ascolto*, libero e non giudicante, gli sta offrendo.

Da un lato, l'approccio "*noncontent*" (sulla forma e non sul contenuto) della *PNL* può impressionare il professionista della relazione d'aiuto: a volte il *piennelista* può lavorare con i clienti senza mai chiedere loro di verbalizzare i loro problemi (Harman, O'Neill 1981, 453). *Ancoraggi*, *posizioni percettive*, *ristrutturazioni*, ecc, si possono praticare anche senza sapere nulla, ad esempio, circa le ragioni di una emozione: basterà sapere *come* il *cliente* fa a sapere di provarla, *come* vede, sente e percepisce, *dove* prova le sensazioni, ecc., senza mai chiedere *quale* emozione, *cosa* la fa scaturire, ecc. Ma dall'altro, lavorare in questo modo "*noncontent*" può presentare due vantaggi: il primo è quello di rendere quasi impossibile per i *counselor* di interpretare, proiettare o imporre i loro valori sui loro clienti; il secondo è quello di agevolare e stimolare, specie nelle fasi iniziali, il lavoro con clienti timidi e clienti reticenti. Le persone che hanno avuto un particolare incidente traumatico nella vita possono con questa modalità sentirsi aiutati e agevolati a lavorare sul loro problema, se si aspettano di non dover rivelare il contenuto dei loro problemi (*ibidem*).

In conclusione, si può ritenere che la *PNL* può sicuramente contribuire al processo di *counseling*: i *counselor* che sono interessati ad imparare la *PNL* possono integrare modi preziosi ed efficaci di comunicare con i loro clienti e tecniche che agevolano il cambiamento dei loro comportamenti disfunzionali al loro benessere ma tutto ciò sempre se trovano autenticità nel farlo e se rispettano la loro deontologia e etica professionale (Harman, O'Neill 1981, Scardovelli 1998).

3.2 PRATICHE DI PNL PROPOSTE AL COUNSELOR.

3.2.1 La camminata sui livelli.

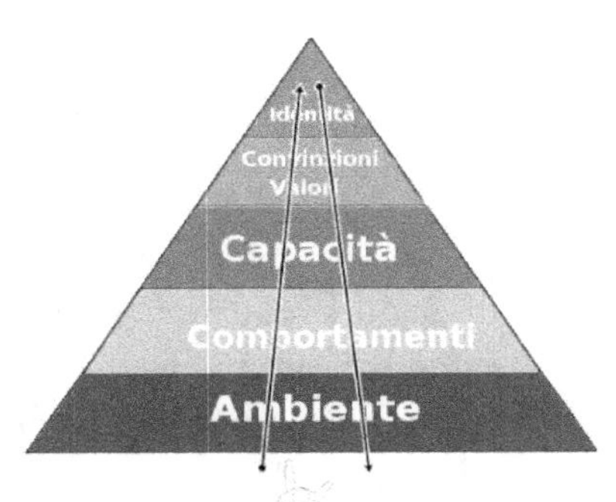

Questa tecnica è utilizzata per motivare e rafforzare una convinzione in merito a scopi, obiettivi e cambiamenti, quando questi sono stati già definiti e siamo fra l'avvio di contatto e la fase di contatto pieno. Supponiamo dunque che il nostro *cliente* stia maturando un cambiamento per raggiungere un obiettivo. Allora, in piedi, gli chiediamo di immaginare di avere avanti a sé, come fosse disegnato per terra, il diagramma dei livelli logici di Dilts e di "entrare" nel diagramma, nella casella *ambiente* (Knight 2009). A questo punto, gli facciamo sperimentare il *contesto*, vedendo, ascoltando e percependo, come se già avesse raggiunto l'obiettivo e, mentre gli stiamo di lato (possibilmente sul lato che il *cliente* ci avrà detto di preferire), gli facciamo una domanda, facciamo verbalizzare la risposta e, poi, lo invitiamo ad "entrare" nel livello successivo. Ovviamente valgono le regole dell'ascolto attivo e di una comunicazione efficace, come già visto. Così, gli chiediamo: <<Come deve essere l'ambiente intorno a te quando avrai raggiunto il tuo obiettivo? Cosa ci sarà intorno? Chi?>> e facciamo verbalizzare la risposta. Fatto questo, gli chiediamo di "entrare" nel livello dei comportamenti e gli chiediamo: <<Quali sono le azioni che compirai quando avrai raggiunto l'obbiettivo? Cosa potrai fare?>> eccetera. Poi <<Di quali abilità avrai bisogno? Di quali capacità disporrai? Come puoi farcela?>> eccetera. Poi: <<Di cosa sarai convinto? Quali saranno i tuoi valori?>> eccetera. E, infine: << Come ti percepisci ora che hai raggiunto l'obiettivo e come potrebbe cambiare questo senso d'identità? Chi sei adesso?>> e segue la verbalizzazione.

Ora, chiederemo al *cliente* di voltarsi e "guardare" il percorso fatto e lasciargli qualche secondo di riflessione, in cui potrà stare in silenzio o anche verbalizzare. Dopo, iniziamo il percorso a ritroso e ad ogni livello suggeriremo al *cliente* di prendere coscienza di ciò che ha sperimentato finora e lo facciamo con un paraverbale che può essere inteso come una domanda oppure come una affermazione, insomma, neutro senza toni né verso l'alto né verso il basso. Lo facciamo tornare sul livello dei *valori* e diciamo: <<Ora che sei … (diremo ciò che avrà detto poc'anzi in merito alla sua identità) puoi aver ancor più chiari i tuoi valori… hai nuove consapevolezze…>> e aspettiamo qualche secondo l'eventuale verbalizzazione. Poi passiamo al livello delle *capacità* e diciamo: <<Ora che hai più chiaro chi sei e i tuoi valori, puoi aver più chiare le tue abilità, sai quali dovranno essere, …>> e così via, fino ad arrivare all'*ambiente.*

Durante questa "camminata" il *cliente* oltre ad aumentare la sua consapevolezza, può avere *insight* e spunti relativi anche a cose pratiche. Una persona che vuol smettere di fumare, visualizzando il contesto intorno a sé può avere l'idea di eliminare ogni posacenere e di non frequentare per un certo periodo di tempo i suoi amici fumatori, ad esempio. Una persona che sta lavorando alla gestione della rabbia può riflettere sulle risorse a disposizione e decidere di fare un corso di meditazione perché le manca questa abilità che ritiene di voler acquisire.

3.2.2 Le posizioni percettive.

> In una giornata molto calda un padre e il suo figlioletto si mettono in viaggio, con il loro asino, per raggiungere dei parenti in una città lontana dal paese. Il padre monta sull'asino e il figlio lo affianca a piedi. Quando passano davanti a un gruppo di persone, il padre li sente dire: "Guardate un po' che padre crudele, lui sta sull'asino e il figlioletto deve camminare a piedi in una giornata così calda". Allora il padre scende dall'asino, fa salire il figlio e continuano il loro cammino. Passano davanti a due persone che osservano: "Ma guardate un po', il vecchio padre cammina, in una giornata così calda, e il figlio giovane se ne sta comodo sull'asino, ma che razza di educazione è questa". Il padre, allora, pensa che la cosa migliore sia che salga sull'asino anche lui e così continuano il loro cammino. Dopo un po' passano di fronte a un altro gruppo di persone, e il padre sente: "Guardate che crudeltà, quei due non hanno nemmeno un po' di misericordia per quel povero animale, che in una giornata così calda deve portare tanto peso". Allora il padre scende dall'asino, fa scendere anche il figlio e tutti e tre continuano a camminare. Incrociano un altro gruppo di persone, che dicono: "Ma guarda che cretini quei due, in una giornata così calda camminano mentre hanno a disposizione un asino su cui poter montare".

Abbiamo già definito, quando abbiamo parlato di *rapport*, le tre *posizioni percettive*, come tre posizioni dalle quali poter osservare una stessa cosa, tre punti di vista. Lo schema delle *posizioni percettive* offre un modo sistematico di raccogliere informazioni e benefici da ognuna delle posizioni. È un'attività particolarmente utile in caso di problemi di conflitto in una relazione. La quantità e la qualità delle informazioni che riusciamo a cogliere nelle tre diverse posizioni sono sicuramente maggiori e più utili di quelle che potremmo cogliere soltanto nella *prima posizione* (Granata 2007).

La *prima posizione* è quella in cui siamo *associati* al nostro corpo e alla nostra mappa del mondo cioè vediamo attraverso i nostri occhi, sentiamo attraverso le nostre orecchie, sentiamo il nostro dialogo interiore e percepiamo le sensazioni del nostro corpo. In questa posizione, quella "in prima persona" utilizziamo parole come *io* e *me stesso* nel fare riferimento ai nostri sentimenti, alle nostre percezioni e alle nostre idee. In questa posizione, se da un lato possiamo esprimere il nostro punto di vista, sentire l'effetto che ci fa un certo desiderio, certe emozioni, dall'altro pensiamo solo all'effetto che le cose hanno su di noi: se si operasse a partire da questa unica prospettiva, diventeremmo egoisti, narcisisti e insensibili a ciò che provano gli altri (Dilts 2003, Bavister Vickers 2012).

La *seconda posizione* consiste nel "mettersi nei panni di", nella capacità di assumere la prospettiva di un'altra persona nell'ambito di un'interazione (se ce ne fossero più di una, possono esserci numerose "seconde posizioni"). Si tratta di una posizione temporanea, in cui si raccolgono delle informazioni e in cui ci si sposta nella posizione percettiva di un'altra persona, assumendone la postura e la visione del mondo, si respira e ci si comporta come lei, come se si fosse quella persona. In questa posizione siamo *dissociati* da noi stessi, dai nostri pensieri, dalle nostre sensazioni, convinzioni, ecc. e associati in un'altra persona, facendo esperienza del mondo attraverso i suoi occhi, le sue orecchie, i suoi pensieri, le sue convinzioni, le sue sensazioni, ecc. In tal modo, si intensifica la percezione di come potrebbero essere le cose per quella persona. Ci rivolgiamo al nostro *sé* della *prima posizione* con il "tu" (in quanto opposto a "io" e "me"), utilizzando la seconda persona singolare. Si ottengono così nuove informazioni riguardo alla nostra relazione con l'altra persona. Siamo in grado di sviluppare *empatia* e *compassione*. Ma raccogliamo anche dati utili su noi stessi. Nell'occhio della nostra mente possiamo guardarci, vedere le nostre espressioni facciali e il linguaggio del corpo, sentire la nostra voce e farci un'idea di come sia essere dall'altra parte dei nostri comportamenti. Assumere temporaneamente il punto di vista dell'altro vuol dire avere maggiori opzioni riguardo a come interagire con gli altri, cosa particolarmente utile quando non capiamo i motivi di qualche loro comportamento. È un sistema per valutare quanto siamo efficaci nel ciclo della comunicazione una volta tornati nella *prima posizione* (è importante, dopo essere stati in *seconda*, ritornare pienamente e fluidamente in noi stessi, riportandoci con noi le informazioni raccolte in *seconda* che ci serviranno nella nostra comunicazione). D'altro canto, le persone che rimangono "bloccate" in seconda posizione possono subire facilmente l'influenza degli altri e finire sempre per *mettere sullo sfondo* i propri bisogni. Mettersi costantemente *dopo* gli altri può portare a una perdita di fiducia in sé, impedire di realizzare appieno il proprio potenziale, restare emotivamente prosciugati (*ibidem*).

La *terza posizione*, o *posizione dell'osservatore*, ci colloca temporaneamente al di fuori del ciclo della comunicazione per raccogliere informazioni, come se fossimo testimoni dell'interazione, ma non partecipanti. Ci permette di prendere le distanze dalle cose e percepire le relazioni fra noi e gli altri. La nostra postura sarà simmetrica e rilassata, vedremo, ascolteremo e percepiremo le sensazioni corporee di un osservatore interessato ma neutrale. Useremo la terza persona singolare, come *lui* o *lei* quando faremo riferimento alle persone che stiamo osservando, compresa quella che assomiglia a noi. Saremo dissociati in una sorta di *meta posizione*, che ci fornisce informazioni significative relativamente all'equilibrio dei comportamenti nel ciclo. E ci permette specie in caso di conflitti o comportamenti aggressivi, di non farci confondere dalle nostre emozioni che potrebbero impedirci di notare quel che sta accadendo. Le informazioni raccolte da questa prospettiva più quelle della seconda posizione, possono essere raccolte e impiegate per potenziare la qualità del nostro stato, dell'interazione e della relazione all'interno del ciclo della comunicazione. Il limite di questa posizione è che un suo uso eccessivo può indurre distacco: non solo saremmo privi di emozioni, ma anche gli altri ci percepirebbero come freddi e meccanici.

L'esercizio può essere fatto in piedi, identificando tre piccole aree del pavimento, ma anche da seduti: in tal caso occorre posizionare due sedie, l'una di fronte all'altra, ed una terza più distaccata, simmetricamente, come in un vertice di un triangolo. Iniziamo col chiedere al nostro *cliente* di scegliere una relazione che vorrebbe migliorasse in qualche modo e, successivamente, lo facciamo accomodare nella prima posizione. Gli chiediamo di cominciare a considerare la situazione dal suo punto di vista, rivivendola in *associato* come se stesse guardando l'altra persona. Userà il linguaggio in prima persona come se stesse parlando all'altro, anche se potrà scegliere di farlo ad alta voce o mentalmente. Poi, le chiediamo di ascoltare cos'ha da dire l'altro, continuando a guardarlo, osservando la sua espressione del volto, i suoi movimenti, ecc. Ora, facciamogli prestare attenzione a cosa sta provando. A questo punto, interrompiamo lo stato emotivo facendo spostare il *cliente*, facendogli fare qualcosa di diverso per qualche istante, facendolo muovere, bere un bicchier d'acqua, battere le mani, ecc. Fatto ciò, lo facciamo passare in seconda posizione, chiedendogli di immaginare di essere nei panni dell'altra persona, associandosi ad essa, nel suo corpo (come spiegato precedentemente). Facciamogli usare il *tu*, quando si riferirà a sé. Chiediamogli di prestare attenzione ai pensieri e alle intuizioni che emergono mentre osserva "sé stesso" lì fuori d'avanti a lui. Facciamo una nuova interruzione di stato. Poi chiediamogli di passare in terza posizione osservando le altre due come se stesse guardando un film. Chiediamogli di essere curioso di ciò che sta osservando, notando cosa può imparare da questa prospettiva. Nuova interruzione di stato e ritorno in prima posizione. Facendolo, il *cliente* dovrà portare con sé tutto ciò che ha compreso, appreso e intuito a partire dalle altre posizioni percettive, prestando attenzione a come la sua esperienza cambia. Il ciclo lo si può ripetere le volte che appare necessario, finendo sempre, però, in prima posizione. Può evidenziarsi la tendenza a specializzare una posizione in particolare e qualcuno può far più fatica a sperimentare tutte le posizioni (Granata 2007).

Il fondamento delle varie *posizioni percettive* deriva dal fatto che l'esperienza relazionale riguarda sempre più di un singolo individuo nel ciclo comunicativo. La capacità di comprendere tale ciclo e tutto ciò che è emerso durante l'esercizio, permette al *counselor* di evidenziare al *cliente* il miglioramento nella comunicazione e le nuove consapevolezze. In particolare, assumere la seconda posizione è una abilità importante anche per lo stesso *counselor* che, sperimentandola, consente di aumentare la conoscenza dei sé e della propria capacità empatica.

3.2.3 Obiettivi ben formati, TOTE e Time-line.

Ogni comportamento è funzionale a qualcosa, ad uno scopo. L'unità di processo del comportamento è una relazione funzionale fra una convinzione, un comportamento e un obiettivo. L'impostazione e il raggiungimento di un obiettivo (descritti come sogni, desideri, risultati, o in qualunque modo li si voglia definire) sono il cuore dell'esperienza umana. In *PNL* la formulazione degli obiettivi è un punto cardine e vale il convincimento che le ragioni per cui i "buoni propositi per l'anno nuovo" muoiono sul nascere o non mettono radici è che spesso sono "mal formulati": non sono specifici o hanno conseguenze che non abbiamo considerato e che inconsciamente ne impediscono la realizzazione (Granata 2007, Adler Heather 2007).

Molto spesso, poiché gli obiettivi vengono stabiliti per lo più in relazione allo stato presente oppure al tipo di problema, il modo più semplice e comune di stabilirli è quello di definirli come *negazione del problema*. Se il problema implica la "paura di parlare in pubblico" inizialmente una persona potrebbe definire il proprio obiettivo così <<Voglio smettere di aver paura di parlare di fronte a un gruppo di persone.>> Spesso, quando le persone chiedono di essere seguite da un professionista dell'agevolazione al cambiamento, sanno con più chiarezza quello che non vogliono che quello che vogliono, come abbiamo visto col *metaprogramma "via da"*. Eppure la fonte della motivazione sono proprio gli obiettivi e senza obiettivi non è possibile stabilire alcun sistema di feedback (Dilts 2003).

Gli obiettivi sono un elemento fondamentale di tutte le tecniche, le strategie e gli interventi di *PNL*. Essi costituiscono il target e il focus centrale di tutta l'attività associata ad un determinato intervento o una particolare strategia. Senza la definizione di un problema la *PNL* non ha alcun valore e niente da offrire (Dilts 2003, Bavister Vickers 2012).

Schematicamente il concetto di obiettivo presuppone quattro elementi:

1. Lo stato desiderato.
2. Lo stato presente.
3. Le operazioni per passare dal secondo al primo.

4. Un test per verificare il risultato delle operazioni.

Miller, Galanter e Pribram, in un famoso libro[35] del 1960, che segnò le origini del cognitivismo, definirono TOTE l'unità strutturale minima di un obiettivo (Scardovelli 1998). TOTE[36] sta per: Test, Operate, Test, Exit. Ogni obiettivo inizia con un test sulla situazione attuale (stato presente o *stato problema*), prevede certe operazioni (Operate), e un test successivo per confrontare lo stato presente con quello desiderato. Se i dati coincidono, l'obiettivo è ottenuto, il problema è risolto e quindi il processo ha termine (Exit). Se i due stati non coincidono ancora, si pongono in essere altre operazioni fino al raggiungimento del risultato desiderato. A ciò si legano due dei presupposti della *PNL* già menzionati: ***se quello che stai facendo non funziona fai qualcosa di diverso*** e, l'altro, ***non esiste fallimento ma solo feedback***, perché in base a questa mentalità, ci si abitua a considerare ogni azione, ogni comportamento, ogni operazione come facente parte di un TOTE. Secondo questo modello, per risolvere problemi o ottenere risultati, ciò che sembra cambiare, asseconda del tipo di obiettivo, non è quindi la struttura base, bensì il numero e la gerarchia di strutture di questo tipo che vengono coinvolte nella soluzione di un problema; e così gli obiettivi più complessi presuppongono la previa soluzione di grappoli di obiettivi sottordinati, e quindi di TOTE che si pongono a differenti livelli, secondo un ordine gerarchico ed una sequenza temporale ottimale. Ogni comportamento è scomponibile in una serie di sotto-comportamenti e ogni obiettivo è scomponibile in una serie di sotto-obiettivi.

Di seguito, le caratteristiche di un obiettivo che sia ben formulato.

1) **Esplicitato in positivo**. L'attenzione va sulle parole e le immagini che possono evocare e, dunque, l'obiettivo non deve contenere ciò che non si desidera. Tornando all'esempio iniziale, allora, in modo positivo si potrebbe formulare così <<voglio sentirmi sicuro nel parlare in pubblico>>. Questo esempio, rispetta questa condizione, ma manca di

[35] Miller G.A., Galanter E., Pribram K.H., (1973), *Piani e struttura del comportamento*, Angeli Milano

[36] La PNL ha modificato la cornice di referenza del TOTE per tener conto del fatto che la nostra esperienza deriva dalle codifiche sensoriali dei nostri sistemi rappresentazionali (Bavister, Vickers 2012)

altre caratteristiche che seguono. Domanda: <<Che cosa vuoi ottenere specificatamente?>>

2) **Specifico e misurabile**. Se si resta vaghi si viene meno alla definizione stessa di obiettivo e risultato. Domande: <<Puoi descriverlo nei particolari? In che misura vuoi raggiungerlo? (Definire la quantità) Quanto tempo ti dai? Per quanto tempo lo vuoi?>>
3) **Valuta le risorse**. Le risorse possono essere esterne (denaro, contatti, strumenti, ecc.) ma anche interne (abilità, conoscenze, comprensione, coraggio, fiducia, ecc.) e, in questo caso, è ancor più opportuno il contributo di un *counselor*, di un *coach*, di un *trainer*, ecc. Domande: <<Di quali risorse avrai bisogno? Di chi? Di cosa? Di quali stati d'animo, convinzioni? >>
4) **Acquisito e mantenuto sotto la propria responsabilità**. Se richiede che altre persone facciano certe cose, o che non ne facciano altre, non è un risultato garantito. Deve essere indipendente da ciò che fanno o non fanno gli altri. Domande: <<Chi lo vuole? Da chi dipende raggiungerlo? Dipende solo da te ottenerlo? >>
5) **Mantiene il vantaggio secondario**. Dietro ogni comportamento c'è un'intenzione positiva. Ogni comportamento nel momento in cui la persona lo attua è il migliore comportamento per lei possibile in quel momento stante la sua mappa attuale. Risponde alla soddisfazione di un bisogno e porta verso un obiettivo. Questo anche quando l'obiettivo non è a livello della consapevolezza. Anche nei comportamenti indesiderati c'è una logica che risponde a un criterio, è un apprendimento che ci è servito e poi è diventato disfunzionale perché applicato automaticamente o protratto nel tempo. È il caso di un adolescente che per "sentirsi grande" nel suo gruppo dei pari inizia a fumare. Le persone che vogliono smettere di bere molti caffè ricavano qualcosa di positivo da quel comportamento, altrimenti smetterebbero. Potrebbe essere che in quei momenti sfogano lo stress oppure potrebbe essere l'energia che ne traggono dalla caffeina. Dunque, una volta che si è presa coscienza di questi effetti positivi secondari si può arrivare alla conclusione che potrebbero non essere più necessari, validi, sostenibili. Domande: <<Quale aspetto negativo ne consegue? Soddisfa i tuoi bisogni e valori? Cos'altro potrebbe soddisfare questo tuo bisogno?>>

6) **Espresso in termini sensorialmente basati**. Questo grado di specificità è necessario perché le persone spesso impiegano procedure di verifica astratte. Questo aiuta a perseguire la strategia per cui per raggiungere gli obiettivi occorre agire "come se" si fosse già raggiunto lo stato desiderato. Domande: <<Quando l'avrai ottenuto, cosa vedrai, cosa ascolterai, cosa sentirai? Come farai a sapere quando l'avrai ottenuto? Come lo sapranno gli altri? >>
7) **Ecologico**. Non sempre ciò che si desidera è ecologico con il nostro sistema di valori. La nostra parte conscia esprime ciò che vogliamo ma è quella inconscia che produce la volontà. Domande: <<Quando lo avrai raggiunto come ti sentirai? Che cosa succede a te? Che cosa succede agli altri, a coloro che ami? Quanto ti costa raggiungerlo? Che prezzo sei disposto a pagare? Cosa perdi tu? Cosa perdono gli altri? Cosa c'è di importante in quello che perdi? Vale veramente la pena fare tutti gli sforzi per arrivare lì? >>
8) **Metaobiettivo**. Se tutti i comportamenti umani rispondono a un funzionamento per obiettivi, possiamo immaginare che l'obiettivo che prendiamo in considerazione sia soltanto una incorniciatura di un sistema a cascata dove ogni obiettivo ha sotto di sé dei sotto-obiettivi, che sono strumentali al raggiungimento di quello immediatamente sopra in ordine gerarchico. Probabilmente in ordine gerarchico si arriverà alla soddisfazione di uno o più valori o, con i livelli di Dilts, allo scopo, missione, spiritualità. Domande: <<A cosa ti serve ottenere questo obiettivo? Qual è l'obiettivo di questo obiettivo?>>
9) **Steps**. Trasformare il desiderio in realtà richiede l'azione. Serve pertanto definire precisamente qual è il primo comportamento che si metterà in atto. Domande: <<Qual è il primo passo che farai adesso (uscendo da qui, domani appena ti sarai svegliato, …)?>>

Per facilitare le risposte alle ultime domande e per supportare la motivazione, può essere efficace svolgere una ***time-line***, una classica tecnica di *PNL*. Alcune persone hanno, spesso, una chance in più di arrivare al traguardo prefissato, poiché, ciò che precede il raggiungimento di un obiettivo, è spesso proprio la costruzione di un'immagine mentale che lo rappresenti. Ciò che la *PNL*, e più specificatamente la *time-line*, ci consente di fare, è mettere a fuoco il nostro modo di vedere il trascorrere della vita, prenderne consapevolezza e intervenire su di essa al fine di vivere meglio i ricordi del passato e "mettere i mattoni" in modo opportuno per costruire il futuro desiderato.

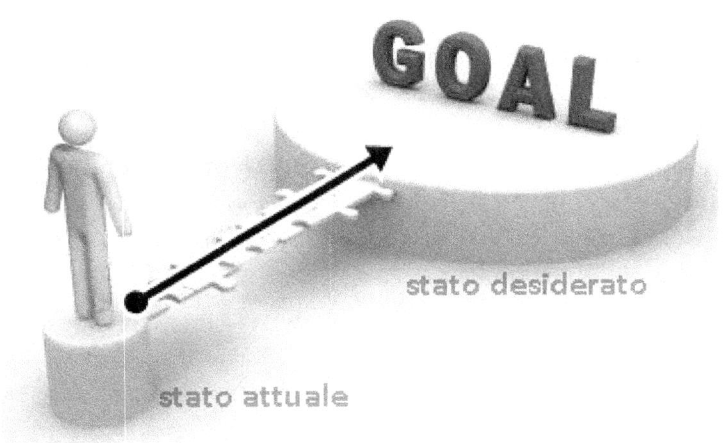

Per poter lavorare sull'esperienza soggettiva di un individuo dobbiamo ricondurre qualsiasi ricordo, cognizione o aspettativa alle rispettive submodalità. Allora, in piedi, chiediamo al *cliente* di immaginare di avere avanti a sé, come fosse disegnata per terra, una linea, che parte da dove lui si trova, il punto che rappresenta lo stato attuale, e termina più in là in un punto che rappresenta lo stato desiderato, il *goal*. Il *cliente* ci dirà la data in cui vorrà raggiungere l'obiettivo e ci indicherà il punto in cui si trova. A questo punto gli chiediamo di guardare il percorso e il punto d'arrivo e gli facciamo alcune domande: <<Com'è vedere il cammino che dovrai fare? Pensi che ci saranno ostacoli? Com'è guardarti mentre raggiungi l'obiettivo? Mi descrivi (in termini di VAK) il tuo obiettivo? E simili…>>. Inoltre, gli chiediamo di dare un valore, da 1 a 10, a quanto crede di poter raggiungere l'obiettivo, in modo che alla fine si possa fare un test di verifica per valutare il contributo alla motivazione che può aver dato questa pratica. Poi ci incamminiamo verso il traguardo e ci fermiamo ad un passo dal goal, per chiedergli di prepararsi a raggiungere l'obiettivo e chiudere gli occhi. A questo punto, con un passo in avanti, lo invitiamo ad associarsi alla sua immagine, quella di sé che ha ottenuto il risultato (nota bene di non parlar più di *obiettivo* ma, ormai, di *risultato*), di percepire le sensazioni, di respirare, muoversi, osservare e ascoltare avendo ottenuto il risultato.

È importante che l'agevolatore *calibri* tutto il tempo per cogliere quei segnali che fanno pensare che il *cliente* stia provando piacere, "avendo raggiunto" il risultato, perché è in quei momenti che chiederà al *cliente* di "osservare" quante più submodalità possibili, in modo da *ancorare* la sensazione. A questo punto, possiamo far voltare il *cliente* verso il suo "passato", fargli aprire gli occhi e chiedergli: <<Com'è da qui? Cos'hai dovuto fare per essere qui? … Quanto credi, da 1 a 10, che sia possibile adesso?>> Dopo la verbalizzazione, possiamo chiedergli, ora che ha appreso tutte queste cose, di portarle con sé e tornare ad associarsi al presente: <<Com'è adesso l'obiettivo? Come lo vedi? Che sensazioni provi? Cos'è cambiato rispetto a prima?>>

Stabilire con chiarezza e condivisione gli obiettivi, nella fase del precontatto, quando si sta definendo il contratto, è per il *counselor* un'attività determinante per lo svolgersi del processo. Il *cliente* può presentarsi inizialmente con una vaga idea di ciò che desidera oppure può tendere a "girovagare" in tante aree. Il *counselor* dovrà portare il *cliente* a focalizzarsi su un aspetto e accompagnarlo ad una definizione specifica, anche se ciò dovesse avvenire gradualmente (Spalletta, Germano 2006).

3.2.4 Vivere i propri valori (il lavoro sui valori).

Spesso i "problemi" o i momenti di "crisi" sono il risultato della mancanza di chiarezza nei propri valori e nelle proprie convinzioni in merito a ciò che per sé è davvero importante. Del resto se è vero che per ognuno esistono cose davvero importanti, è anche vero che ne esistono alcune più importanti delle altre (Rizzuto, Roberti 2011). E avere chiarezza su tale "gerarchia" è di fondamentale ausilio quando ci si trova d'avanti a scelte e opzioni difficili da prendere. L'interesse del *lavoro sui valori* sta nel supportare il cliente a prendere buone decisioni per la propria vita. A scegliere i propri obiettivi con consapevolezza.

Distingueremo i valori in VALORI MEZZO, che rispecchiano le cose della nostra vita che per noi sono importanti (es. famiglia, casa, macchina, amici, carriera, ecc.) e VALORI FINE, che rispecchiano le sensazioni e gli stati che, per noi, è più importante provare nel corso della vita, perché soddisfano i nostri bisogni fondamentali ed urgenti. Sono gli stati emotivi e sentimenti a cui accediamo quando stiamo vivendo i *valori mezzo* (es. amore, sicurezza, felicita, allegria, piacere, ecc.).

Passo 1. Estrazione dei *Valori Mezzo* attraverso la domanda <<Cos'e più importante, per te, in questo momento della tua vita?>> Il *cliente* darà "x" risposte, da un minimo di 6 fino ad un massimo di 12. Chiamiamo queste risposte M_1, M_2, ... , M_x (ad es. la figlia, il denaro, il teatro, la fama, la carriera, ...). Il *Valore Mezzo*, in generale, ha lo scopo di soddisfare un *Valore Fine*: ad esempio, attraverso il *denaro* ci si può sentire *liberi*, oppure attraverso la *famiglia* soddisfo il valore dell'*amore universale*, ecc. (per alcuni, invece, la *famiglia* può restare un *Valore Fine*).

Passo 2. Estrazione dei *Valori Fine* attraverso le domande <<Cosa rappresenta per te M_1?>> o anche <<Cosa ti dà M_1?>> e annotare la risposta F_1. Infatti, nel passo 2 il *cliente* dovrà riconoscere nelle risposte "M" (*Valori Mezzo*) il corrispondente *Valore Fine*. E così si dovrà fare per ognuna delle M_x risposte. Potrà succedere che qualche *Valore Fine* verrà associato a più risposte. Per cui alla fine si avranno F_1, F_2, ... , F_y *Valori Fine* (dove y potrà essere uguale o diverso da x).

Passo 3. Mettere in ordine gerarchico i *Valori Fine* attraverso la domanda <<Per te, cos'è più importante nella vita, in questo momento tra

F_1 e F_2?>> E così si confronta quello che è stato scelto, con gli altri fino a quando non si individua quello che è stato preferito a tutti. E lo si mette al primo posto della lista/gerarchia dei valori. Poi si individua il secondo e così via, fino ad ottenere un lista ordinata di y *Valori Fine.*

Passo 4. Estrazione dei *criteri.* Ora si scelgono solo i primi 4 *Valori Fine* e, per ognuno di loro, si estraggono i *criteri* (minimo 6 criteri per ognuno) con le domande <<Cosa deve accadere affinché tu provi o senta "F"?>> oppure <<Quando provi "F"?>> La risposta deve essere espressa assolutamente in termini specifici e di canali rappresentazionali VAK. Ad esempio: <<Io mi sento *libero* (*Valore Fine*: Libertà): c1) se almeno due sabati al mese, al mattino, vado da solo sul lungomare e faccio un'ora di camminata c2) mi arrabbio solo una volta al giorno c3) posso comprarmi due libri al mese c4) tutte le domeniche mi sveglio senza il suono della sveglia, c5) vado in ufficio senza cravatta ogni venerdì, ecc. >>

Passo 5. Analisi dei criteri. In questa fase si analizzano tutti i criteri per identificare schemi di comportamento, condizionamenti, ripetizioni, contrasti, ecc. Per ognuno bisogna valutare:

1) Indice referenziale esterno o interno?
2) Ci sono operatori modali (devo/posso)?
3) Ci sono quantificatori universali (ogni, tutte le volte, sempre, …) o sono impliciti?
4) I criteri sono concatenati/interdipendenti?
5) Sono realistici?
6) È un criterio che sento mio o mi deriva da qualcuno?
7) Quando ho sviluppato questo criterio?
8) …

Passo 6. Feedback. A questo punto, leggiamo la lista dei *valori* e *criteri* e lo facciamo rivolgendoci al *cliente* e formuliamo i seguenti feedback:

- <<Per quello che leggo e per quello che so, immagino che una persona con questi *valori* e *criteri* potrebbe avere queste qualità e opportunità … >>

- <<Per quello che leggo e per quello che so, immagino che una persona con questi *valori* e *criteri* potrebbe avere queste difficoltà … >>

Passo 7. Ridefinizione dei propri *Valori Fine* e *Criteri*. A questo punto il *cliente* dovrà fare un riesame di tutto e potrà riformulare ogni cosa, ponendosi le seguenti domande e scrivendo volta per volta le risposte: << Quali valori per me sono essenziali per vivere una vita piena? Per vivere una vita piena e per raggiungere i risultati che voglio, di quali valori ho bisogno/voglio? In quale ordine? Quali *criteri* mi permettono di vivere appieno i miei valori?>>

Passo 8. Scelta dei ruoli e gerarchia. Ora il cliente dovrà creare una lista dei suoi ruoli, inserendo: ruoli che svolge attualmente (domandandosi <<Quali sono le mie attuali responsabilità? Di cosa sono responsabile nella mia vita? Quali attività svolgo durante la giornata? Ed il weekend? Come definirei il mio ruolo per ogni attività che svolgo nella vita?>>, ruoli che sta trascurando (<<Sono soddisfatto del mio rapporto con...?>> <<Sto distribuendo il tempo per tutto e tutti?>>), altri ruoli che vorrebbe svolgere (<<Qual è il ruolo dei miei sogni?>>). È importante che nella lista venga inserito anche un ruolo incentrato sulla cura di sé stesso e in genere si scrive il proprio nome. Dopo aver determinato una gerarchia dei ruoli, da questo elenco si devono selezionare massimo 4/5 ruoli (comprensivi delle 3 tipologie + il proprio nome).

INTEGRAZIONE VALORI E RUOLI

VALORI

RUOLI		**V1**	**V2**	**V3**	**V...**	**...**	**...**	**...**
	R1							
	R2							
	R3							
	R4							
	Totale	=	=	=	=	=	=	=

IMPORTANZA DA **1** A **5** DEI VALORI IN CIASCUN RUOLO

Passo 9. Integrazione di Valori e Ruoli. A questo punto, bisogna far compilare al *cliente* la seguente tabella e attribuire un valore da 1 a 5 nelle caselle vuote. Ad esempio, nella casella R1V1 occorrerà dire quanto il valore V1 è importante nel ruolo R1 (1 per niente, 5 assolutamente). Questo ha lo scopo di far decidere valori chiave da trasmettere in ciascun ruolo, divenire "consapevole" di dove sta utilizzando i suoi valori e individuare il punto da cui partire per vivere i suoi ruoli in linea con i suoi valori. Infatti, si potrebbe inizialmente far attribuire il valore non dell'importanza ma di quanto attualmente quel valore è effettivamente vissuto in quel ruolo, il ché darebbe una fotografia dell'attuale *allineamento* fra ruoli e valori. Ma per usare la tabella come punto di partenza si potrebbe impostare un lavoro che crei una serie di abitudini che rispecchiano e affermano i valori, una serie di attivita ripetitive che abbiano un obiettivo pratico e un valore simbolico.

CAPITOLO 4 CONCLUSIONI

4.1 IL COUNSELOR E L'INTEGRAZIONE.

Le conclusioni di questo lavoro più che rappresentare un bilancio che guarda al passato, a ciò che è avvenuto in noi durante lo svolgimento del lavoro, a seguito degli approfondimenti fatti, delle riflessioni emerse durante lo studio, nel tentativo di integrare la *PNL*, ci sembrano adesso costituire una sorta di trampolino di lancio, tracciare una direzione sul futuro. *Concludere*, dal latino *cum* e *claudere*, *racchiudere*, vuol dire, come verbo transitivo *terminare*, *dedurre*; come verbo intransitivo, però, essere *convincente*, *persuadere*[37]. Ecco, giunti alla conclusione di questo lavoro, ci siamo persuasi di questo: l'integrazione non solo è possibile ma è ciò che può consentire un adattamento, di darwiniana concezione, funzionale al cambiamento e al percorso dell'uomo, della sua psiche e della sua realizzazione.

Il *counseling* a cui ci siamo ispirati ha la sua base nell'approccio integrato. È quello di un *counselor* che sente di avere il bisogno di possedere una conoscenza di tutti i sistemi teorici e tecnici che funzionano efficacemente con la più vasta gamma di clienti per trovare la specifica e funzionale risposta possibile. "Stare" per qualche tempo in ogni approccio, seguire le diverse "tendenze" e sentire com'è. A volte le cose si capiscono a distanza di tempo e a seguito di un confronto con altre, individuando similitudini e differenze. Dopo un po' che si studia o si pratica un modello, ci si pone domande che trovano risposta magari in un altro modello. Certo, un orientamento basato su un approccio pluralistico integrato, tendente al superamento delle differenze teoriche e metodologiche dei vari modelli, non è cosa semplice. Tuttavia, conoscere approfonditamente più modelli teorici di riferimento utilizzati nel *counseling* permette di poter operare, come *counselor*, la scelta più adeguata rispetto alla metodologia da utilizzare con i diversi clienti (Giusti, Taranto 2004).

Se, dunque, il lavoro del *counselor* può essere, come detto, quello di colui che affianca il *cliente* nel *passaggio* da uno *stato attuale indesiderato* ad uno *stato futuro desiderato*, alloro il nostro personale "modello" è quello che da un lato integra gli approcci visti in questo lavoro adattandoli al proprio stile e

[37] *Dizionario etimologico*, 2012, Rusconi Libri

alle proprie attitudini e al bisogno dei clienti, per il raggiungimento degli obiettivi ma, dall'altro, si fonda primariamente sulla presenza e centratura sul *cliente*, che possa, in ogni momento e a prescindere dal raggiungimento degli obiettivi, sentirsi sostenuto da una relazione che lo aiuti a viversi *in primis* il *qui ed ora*.

Il *counselor* a cui abbiamo dedicato questo lavoro vorrebbe avere padronanza dell'integrazione pluralistica, sapendo quando e come applicare metodi, strategie e tecniche rogersiane, fenomenologico-esistenziali ed esperienziali. Vorrebbe poter operare a livello di gruppi, organizzazioni e comunità. Vorrebbe svolgere una *funzione di rete* fra bisogni, servizi e organizzazioni senza entrare in collisione con altre professionalità (consulenti tecnici aziendali, psicoterapeuti, ecc.). Vorrebbe poter riconoscere le risorse utili delle persone e usarle come punti di forza per il suo benessere, quale *operatore della salute*. Vorrebbe saper sviluppare nell'altro l'autorealizzazione, spirito euristico, capacità esplorativa, curiosità, creatività relazionale. Vorrebbe essere un *counselor* che integra il sapere con il saper essere e quindi con il saper fare e creare, per un *counseling* moderno, versatile e mirato (Montanari, Spalletta 2003).

4.2 VERSO UNA CULTURA DEL COUNSELING.

Mentre scriviamo, si sta inaugurando, per la prima volta al mondo, l'Empathy Museum.

Il 4 settembre 2015 a Londra in occasione del Totally Thames Festival, rassegna sulle sponde del Tamigi dedicata al mondo dell'arte, della cultura e del sociale, verrà inaugurata l'installazione "A Mile in My Shoes" ("Un miglio nelle mie scarpe"), realizzata in collaborazione con gli abitanti del quartiere di Wandsworth[38]. Il nome di questa istallazione racchiude in sé la filosofia del museo, che si ispira al detto anglosassone "prima di giudicare una persona, prova a camminare un miglio con le sue scarpe". Il museo offre ai visitatori la possibilità di indossare, letteralmente, le scarpe di qualcun altro, ascoltandone la storia. C'è un vero e proprio "negozio dell'empatia", uno spazio in cui si prendono in prestito le scarpe di un'altra persona (un contadino, un banchiere, un rifugiato, una prostituta, un maratoneta…). Con ai piedi le scarpe di questo sconosciuto, i visitatori vengono invitati a passeggiare lungo le rive del Tamigi, mentre in cuffia passa la storia di quella persona. <<La parola empatia è sulla bocca di tutti, da Obama al Dalai Lama,>> spiega Roman Krznaric, intellettuale e scrittore tra gli ideatori dell'Empathy Museum. <<Viviamo in un mondo così iperindividualistico che le nostre capacità di provare empatia stanno rapidamente diminuendo. Basti pensare che, secondo studi recenti, negli Stati Uniti i livelli di empatia sono crollati del 50%. La nostra incapacità di capire il punto di vista degli altri, le loro esperienze e i loro sentimenti sono alla base del pregiudizio, del conflitto e della disuguaglianza. L'empatia è l'antidoto di cui abbiamo bisogno>>[39].

---

[38] Belardelli G., *Empathy Museum, a Londra il primo Museo dell'Empatia. Un miglio con le scarpe degli altri per imparare a "sentire"*, dalla rivista *L'Huffington Post* del 1/09/2015

[39] Spaggiari O., *Apre a Londra il Museo dell'Empatia*, dalla rivista *Vita*, 31/08/2015

> L'empatia sta vivendo il suo periodo d'oro. In nessun'altra epoca storica se n'è parlato tanto. La frequenza delle ricerche su Google per la parola empatia è più che raddoppiata negli ultimi dieci anni. Anche la crisi finanziaria del 2008 ci ha messo del suo, rimescolando i valori e aprendo un'epoca che dà maggiori importanza alla cooperazione e alla responsabilità sociale e ambientale. Cosi l'etologo Frans de Waal può scrivere nel suo libro L'età dell'empatia. Lezioni dalla natura per una società più solidale: «L'avidità ha fatto il suo tempo. Ora è il momento dell'empatia». E il presidente americano Obama può ripetere nei suoi discorsi: «Dobbiamo parlare di più della nostra mancanza di empatia. È solo quando sei mosso da qualcosa di più grande di te stesso che realizzi il tuo vero potenziale»[40].

Abbiamo preso spunto dall'"attualità" per dire come sia talmente evidente quanto sia l'empatia, tante volte citata in questo lavoro come requisito fondamentale e irrinunciabile per un *counselor*, in questo momento storico, per la nostra società, tanto declamata e allo stesso tempo tanto disattesa. Sempre in questi giorni l'Europa e, soprattutto Paesi come l'Italia, stanno affrontando questo storico fenomeno dell'immigrazione dai paesi africani e del Medio Oriente, di milioni di persone che scappano da condizioni insostenibili di mancanza di qualità della vita se non da guerre, come ad esempio sta capitando dallo scoppio della guerra in Siria del 2011. Tutto mentre i cittadini europei stanno facendo i conti con il loro "stare" con le diversità ed i bisogni che portano con sé questi altri esseri umani più o meno disperati.

È evidente che il momento di crisi che stiamo vivendo non ha più solo un carattere univocamente finanziario, né politico, né sociale, ma investe la società nel suo insieme. Cessa di essere un elemento transitorio, reversibile, e si rivela sempre più un dato permanente con cui bisogna imparare a convivere, chiamando in causa la propria *resilienza*. E il *counseling* può essere di grande aiuto in questo senso.

Essere *counselor* è sia un modo di operare che di essere, fondato sulla volontà di rispettare l'altro e sulla capacità di utilizzare al meglio gli

---

[40] Monti D., *Empatia: mettiti nei miei panni*, da *Il Corriere della sera* del 6/06/2014

strumenti della comunicazione per dare forza alla persona nei propri contesti (dal sito dell'associazione italiana professionale di *counseling REICO*). La promozione del *counseling* è dunque un fatto sociale e culturale. E se una società ha bisogno di recuperare valori, comportamenti e abilità che sono le stesse che sono alla base di questa professione, allora quella società ha bisogno anche di promuoverla.

C'è pertanto da confidare che i *clienti* privi di capacità di ascolto ed empatia assorbano dal *counselor* un *modeling* di approccio all'altro (Spalletta, Germano 2006, 36), che questo si propaghi, di *modello in modello*, ad ogni persona e che *autenticità*, *empatia* e *accettazione incondizionata* diventino, oltre che caratteristiche proprie di ogni buon *counselor*, tratti della personalità dell'essere umano evoluto del XXI secolo.

BIBLIOGRAFIA[41]

*Adler H., Heather B., (2007), *PNL in 21 giorni*, Vicenza, Edizioni Il Punto d'Incontro

Antonaroli C., Mecozzi S., Foti M., *Deontologia ed etica professionale in Italia*, in *Integrazione nelle Psicoterapie e nel Counseling*, (2003), num 13/14, pagg 345-351

*Bailey R., (1997), *NLP Counselling*, Bicester UK, Speechmark Publishing Ltd

*Bandler R., (1986), *Usare il cervello per cambiare. L'uso delle submodalità nella programmazione neurolinguistica*, Roma, Casa Editrice Astrolabio

*Bandler R., (2009 a), *Il potere dell'inconscio e della PNL*, Urgnano (BG), Alessio Roberti Editore

*Bandler R., (2009 b), *Vivi la vita che desideri con la PNL*, Urgnano (BG), Alessio Roberti Editore

*Bandler R., Fitzpatrick O., (2006), *PNL è libertà*, Urgnano (BG), Alessio Roberti Editore

*Bandler R., Grinder J., (1980), *La Metamorfosi terapeutica. Principi di Programmazione Neurolinguistica*, Roma, Casa Editrice Astrolabio

*Bandler R., Grinder J., (1981), *La struttura della magia*, Roma, Casa Editrice Astrolabio

*Bandler R., MacDonald W., (1991), *Guida per l'esperto delle submodalità*, Roma, Casa Editrice Astrolabio

*Bavister S., Vickers A., (2013), *PNL essenziale*, Urgnano (BG), Alessio Roberti Editore

*Bidot N., Morat B., (2010), *Ottanta giorni per capirsi. La programmazione neurolinguistica*, Milano, Xenia Edizioni e Servizi srl

Calvo V., (2007), *Il colloquio di counseling. Tecniche di intervento nella relazione d'aiuto*, Bologna, Il Mulino

[41] I testi preceduti da asterisco fanno parte della bibliografia specifica o orientativa di PNL.

Di Fabio A., (1999), *Counseling. Dalla teoria all'applicazione*, Firenze, Giunti Editore

*Dilts R., (2004), *Cambiare le convinzioni con la PNL. I livelli di pensiero*, Urgnano (BG), Alessio Roberti Editore

*Dilts R., (2003), *Il manuale del Coach*, Urgnano (BG), Alessio Roberti Editore

*Dilts R., (2006), *La PNL e le sue applicazioni*, Urgnano (BG), Alessio Roberti Editore

*Dilts R., Grinder J., Bandler R., Bandler L.C., DeLozier J., (1982), *Programmazione Neuro Linguistica. Lo studio della struttura dell'esperienza soggettiva*, Roma, Casa Editrice Astrolabio

Galimberti U., (2006), *Dizionario di psicologia*, Torino, Utet

Giannatelli R., Lever F., Rivoltella P.C., Zanacchi A. (a cura di), (2001), *Dizionario enciclopedico di scienze e tecniche della comunicazione*, Roma, Eri-Rai, Elledici, LAS

Giannella E., (2009), *Etica e deontologia nel counseling professionale e nella meditazione familiare*, Roma, Edizioni Sovera

Ginger S., (2005), *Iniziazione alla Gestalt. L'arte del con-tatto*, Roma, Edizioni Mediterranee

Ginger S., Ginger A., (2004) *La Gestalt. Terapia del «con-tatto» emotivo*, Roma, Edizioni Mediterranee

Giusti E., *Un approccio integrato al Counseling modello tecnico-clinico ed eclettico: vantaggi, limiti e fattori comuni*, in *Integrazione nelle Psicoterapie e nel Counseling*, (2003), num 13/14, pag 354.

Giusti E., Locatelli M., (2000), *L'empatia integrata*, Roma, Edizioni Sovera

Giusti E., Rosa V., (2002), *Psicoterapie della Gestalt*, Roma, Aspic Edizioni Scientifiche

Giusti E., Taranto R., (2004), *SUPER-COACHING tra Counseling e Mentoring*, Roma, Sovera Multimedia

Giusti E., Vigliante M., (2009), *L'anamnesi psicologica*, Roma, Edizioni Sovera

*Granata G., (2007), *PNL la programmazione neurolinguistica*, Milano, DVE Italia

*Guerrero G., (2009), *Trasformazione profonda*, Urgnano (BG), Alessio Roberti Editore

*HARMAN R.L., O'NEILL C., *Neuro Linguistic Programming for Counselors*, in *Journal of Counseling & Development*, (1981), Volume 59, Issue 7, pages 449–453USA

Hough M., (1999), *Abilità di counseling. Manuale per la prima formazione*, Trento, Edizioni Erickson

James M., Jongeward D., (1987), *Nati per vincere. Analisi transazionale con esercizi di Gestalt*, Cinisello Balsamo (Mi), Edizioni San Paolo

*Jenner P., (2012), *Trasforma la tua vita con la PNL*, Urgnano (BG), Alessio Roberti Editore

*Knight S., (2009), *PNL al lavoro*, Urgnano (BG), Alessio Roberti Editore

May R., (1991), *L'arte del counseling*, Roma, Casa Editrice Astrolabio

Montanari C., Spalletta E., *Dalla comunità Europea ad un progetto formativo per il Counseling: una propedeutica alla nuova professionalità*, in *Integrazione nelle Psicoterapie e nel Counseling*, (2003), num 13/14, pagg13-39

Mucchielli R., (1987), *Apprendere il counseling*, Trento, Edizioni Erickson

Murgatroyd S., (2008), *Counseling nella relazione d'aiuto*, Roma, Edizioni Sovera

Nave L., (2009), *Il counseling. Comunicazione e relazione nell'incontro con l'altro*, Milano, Xenia Edizioni

*O'Connor J., McDermott I., (2002), *Manuale di PNL. Programmazione neurolinguistica e sviluppo personale*, Vicenza, Il Punto d'Incontro

Piroli C., Fiocca M., *Approccio corporeo in psicologia e nel Counseling*, in *Integrazione nelle Psicoterapie e nel Counseling*, (2003), num 13/14, pagg 155-184

Quaranta C., *Il Counseling aziendale*, in *Integrazione nelle Psicoterapie e nel Counseling*, (2003), num 13/14, pagg 267-269

*Rizzuto A., Roberti A., (2011), *Il meglio di te con il coaching*, Urgnano (BG), Alessio Roberti Editore

*Robbins A., (1987), *Come ottenere il meglio da sé e dagli altri*, Milano, RCS Libri

Rogers C., (1994), *La terapia centrata sul* cliente, Firenze, Edizioni Martinelli

Rosenberg D. B., (2011), *Guida pratica al counseling motivazionale*, Trento, Edizioni Erickson

Sabbadini R., (2009), *Manuale di counseling. Guida pratica per i professionisti*, Milano, Franco Angeli

*Scardovelli M., (1998), *Feedback e cambiamento*, Roma, Edizioni Borla

Scardovelli M., (2013), *ConPassione e leggerezza. Dietro le quinte della psicoterapia e della guarigione*, Milano, Ugo Mursia Editore

Simonelli I., Simonelli F., (2012), *Atlante concettuale della salutogenesi*, Milano, Franco Angeli

Spalletta E., Germano F., (2006), *Microcounseling e microcoaching*, Roma, Edizioni Sovera

Stewart I., Joines V., (2000), *Analisi transazionale*, Milano, Garzanti libri

RISORSE

I lettori possono scaricare gratuitamente dal sito

www.pierluigitroilo.com

oppure scrivendo a info@pierluigitroilo.com

altri ebook:

Le 7 matrici dell'autoefficacia

Citazioni e motivazioni

Sull'Autore

Pierluigi Troilo

Esperto in Comunicazione, svolge docenze e l'attività di Life & Business Coaching avendo conseguito i rispettivi master ed avendo la certificazione americana di Master Practitioner in Programmazione Neuro Linguistica. Al Coaching e la Formazione, in studio e presso le aziende, affianca il Counseling Umanistico, essendo diplomato in Gestalt Counseling presso l'Aspic. Oltre che consulente, laureato in Ingegneria e laureando in Psicologia del Lavoro, è stato per anni imprenditore, dirigente industriale e consigliere di amministrazione per diverse aziende manifatturiere.

www.ingramcontent.com/pod-product-compliance
Lightning Source LLC
Chambersburg PA
CBHW062143280526
45788CB00001B/282

* 9 7 8 1 5 3 0 1 6 0 4 9 5 *